青少年野外生存指南

图解 101 个实用技能

101
SURVIVAL
TIPS | FOR BOYS

Written by
CHRIS MCNAB

【英】克里斯·麦克纳布——著

小小冰人——译

台海出版社

北京市版权局著作合同登记号：图字01-2021-6943

Copyright: © 2008 Amber Books Ltd, London
Copyright in the Chinese language translation (simplified character rights only) © 2022
Chongqing Vertical Culture Communication Co., Ltd
This edition of 101 Wilderness Survival Tips for Boys published in 2022 is published by
arrangement with Amber Books Ltd. Originally published in 2008 by Amber Books Ltd.

图书在版编目（CIP）数据

青少年野外生存指南：图解 101 个实用技能 ／（英）
克里斯·麦克纳布著；小小冰人译. ─ 北京：台海出
版社，2022.5
　　书名原文：101 Survival Tips for Boys
　　ISBN 978-7-5168-3230-1

Ⅰ．①青… Ⅱ．①克… ②小… Ⅲ．①野外─生存─
青少年读物 Ⅳ．① G895-49

中国版本图书馆 CIP 数据核字（2022）第 028435 号

青少年野外生存指南：图解 101 个实用技能

著　者：［英］克里斯·麦克纳布　　　　译　者：小小冰人

出 版 人：蔡　旭　　　　　　　　　　　责任编辑：俞滟荣

出版发行：台海出版社
地　　址：北京市东城区景山东街 20 号　　邮政编码：100009
电　　话：010－64041652（发行，邮购）
传　　真：010－84045799（总编室）
网　　址：www.taimeng.org.cn/thcbs/default.htm
E－mail：thcbs@126.com

经　　销：全国各地新华书店
印　　刷：重庆市联谊印务有限公司
本书如有破损、缺页、装订错误，请与本社联系调换

开　　本：787毫米×1092毫米　　　　　1/16
字　　数：163千字　　　　　　　　　　印　张：10
版　　次：2022年5月第1版　　　　　　印　次：2022年5月第1次印刷
书　　号：ISBN 978-7-5168-3230-1

定　　价：99.80元

目 录
CONTENTS

简 介

我们永远不知道我们将在什么时候需要依靠自己的生存技巧求生。曾经有很多次、在很多地方，人们在短短几分钟内便陷入了极度危险的境地——例如在山区里居家度假时、在参加学校组织的野营时，以及在开车穿越荒无人烟的旷野时。

这就是要掌握野外生存技巧的原因所在。当你陷入危险的境地后，如果能做出准确的判断和正确的反应，那么脱困的可能性会很大。尽管有很多不同的野外生存技巧，但其基本原则都是相当简单的。首先，你必须找到水和食物——水是尤其重要的，因为在没有食物的情况下，人可以活几周的时间，但如果没有水，人就活不过三天。其次，你还需要避免受到大自然的伤害——这通常意味着你需要修建或是寻找某种隐蔽所。再次，你还应该掌握一些取火的方法，这是保持体温的重要措施。而且，这还意味着可以通过烧煮的方式来确保食物和饮水的安全。最后，在紧急情况下，你还需要知道如何引起救援人员的注意，如何使自己脱险，以及如何照顾可能已经受伤的自己或其他人。

本书汇集了一些基本的生存技巧——包括如何在荒漠地带找水，如何躲避野兽的攻击等技巧。学完了这些技巧后，你可以到树林里去进行实践，也许有一天，它们会救你的命。

也许，你会花费大量的时间来练习这些生存技巧，但你要牢记以下警告：

第一，如果你尝试的生存技巧中涉及火、刀具或狩猎武器，或者你正在铺设陷阱时，要确保身边有一个负责的成年人来监督。在握刀时，你务必要小心。你始终要将刀从身体内侧向外削去，并且要保持刀刃的锋利。而且，钝刀比锋利的刀更危险，因为在切削时，钝刀更容易打滑。你要记住，永远不要随意摆弄刀！

第二，永远不要独自一人进入荒野环境中，也不要对其他人隐瞒自己的准确去向。永远要穿着适当的衣服并带上一些食物和饮用水。一旦你来到野外，就不要改变你的计划，也不要去从未告诉过其他人的地方。第三，一定要小心你所吃的东西，有很多植物和菌类可以成为美味的食物，但也有一些能在几个小时内要了你的命。在不能确定这些植物和菌类能否安全食用前，你切勿轻易尝试。本书将为你快速介绍一些常见的可食用植物，帮助你了解和分辨有毒的种类，但你还是应该找一个有经验的向导，为你准确地展示哪些植物是安全的，哪些不是。第四，不要触犯法律。切记，在没有得到土地所有者的许可前，你不能砍倒土地上的树木。另外，携带刀具和狩猎武器在某些地方可能是非法的。不要试图杀死任何野生动物，除非你是为了生存，不得已而为之。不过，你还是可以练习如何跟踪和逼近

野生动物。

　　野外生存，就是要让人学会尊重大自然，并锻炼个人的坚强意志。你必须尊重大自然，因为它比你更强大。如果你放弃求生意志的话，它多半会要了你的命。曾经有很多实例显示，有一些人虽然没有接受过野外生存训练，但他们还是在险境中活了下来——这就是因为他们采取的行动非常正确。而且，无论情况变得多么糟糕，他们都没有向恐惧和逆境屈服。如果你能抱有同样的态度，并以本书所述的生存技巧将自己武装起来，那么你就为野外活动做好了充分的准备。

第一章

准备工作

必要的装备

当你不得不在野外求生时，是否拥有合适的装备就意味着生与死的差异。在行囊里装上一些简单的工具，你就为自己的探险做好了准备。

无论你是暴露在冰冻的山坡上，还是深入到热带森林中，让你能生存下去的往往是工具包。你要为旅行带上足够的水和食物——包括一些高能量食物（例如果脯、坚果和米糕），以及一些巧克力和糖果（不必太多，它们只能短暂地为你提供能量）。现在，你应该检查一下你的工具包，要确保其中已经放入了如下工具：

①一个性能良好的手电筒，外加足够的备用电池。

②一具望远镜。

③一个睡袋——把它放在防水袋中。

④一个哨子——可用来发出求救信号。

⑤一把小折刀。

⑥你将深入的地区的地图。

⑦个人洗漱用品——香皂、毛巾、牙刷、牙膏等。

⑧一个食品罐——带上一个金属食品罐，你可以用它来烹煮食物。

如果你拥有了这些装备，把它们放进你的救生罐中（参见"TIP 03"），你就为可能突发的灾难做好了充分的求生准备。

绝境求生真实档案 ⚠️

不带上合适的装备以及食物，会导致可怕的后果，就像探险家罗伯特·福尔肯·斯科特所遇到的那样。1910年，斯科特和一支四人探险队到达了南极。他们跟一支挪威探险队比赛，看谁能先到达南极极点。可是，当他们于1912年1月17—18日到达时，他们却发现挪威的国旗已经竖立在极点上了。此时，他们不得不冒着暴风雪踏上可怕的归途。这时候，队伍里的所有人都患上了坏血病，这种病症是维生素C摄入不足所导致的。维生素C可以在水果中获得，例如柠檬和橘子，但是斯科特他们却没有携带任何水果或蔬菜。坏血病让他们的身体变得虚弱，已经无法继续前进了(其实，他们这时只需要几片水果就能痊愈）。由于营养不良、冻伤与冻僵，他们一个接一个地死去了。

TIP 02　制作一个马鞍形背囊

　　你被困荒郊野外，而且身边又没有一个背包？别担心，你在几分钟内就可以做出一个马鞍形背囊。这里会给你介绍一个很棒的制作背囊的方法，这样你就可以带上所有的求生工具到野外去了。

　　首先，找一块大点的方布——可以是一块雨布、一块帐篷布或者是一块毯子。其次，你还需要一根长绳子。接下来，把你找到的那块布铺在地上，然后把你外出所要带的所有物品都放在布的一侧，并确保这些物品按着这块布的长度均匀摆放。现在，向前滚动这块布，并把所有的物品卷入其中——从放有物品的这一边开始卷起，一直往前卷，直至卷到底端为止。

　　这样你就得到了一个圆管状的布卷。剪下两段绳子，并将布卷的两端扎紧，使布卷里的物品不至于掉出来。然后再剪下两段或更多的绳子，在布卷中间均匀地扎上几道——这样做可以防止物品在布卷内来回晃荡。

　　最后，你要做的唯一的一件事情，就是将这个布卷的两端系在一起，将其斜背在肩上，接着就可以动身去旅行了。

准备一个救生罐

　　一个救生罐就是一整套救生工具，它可以被轻松地放入一个口袋中！每次当你进入荒郊野外探险时，哪怕只有几个小时，你也要记得带上你的救生罐。

　　你被困在荒郊野外，没有食物，没有饮水，也没有帐篷……但是你只要有一个救生罐，存活下去的机会便大大增加。下面将介绍如何制作救生罐。首先，找一个带有密封防水盖的铁罐或者塑料盒（烟草罐或者坚固的塑料食物容器就很好）。然后，找到或购买以下物品，并将它们小心地放入罐中：

　　①一盒火柴——将火柴头浸入融化的蜡烛中，等蜡凝固后，你就得到了防水火柴。要使用火柴时，你只需刮去外层的蜡即可。

　　②一段蜡烛。

　　③一块打火石和一根打火棒——它们可以用来取火，并且可以从野营装备商店里买到。

　　④一些针线——以便缝补破损的衣物。

⑤信号反光镜。

⑥鱼钩、渔线和坠子。

⑦一卷细铜线——以便制作捕猎陷阱。

⑧可使用一周的水质净化剂。

⑨一些安全别针。

⑩一个小小的指南针。

⑪一卷钢丝锯。

在救生罐里装上了这些物品之后，可以说，你就准备好了一切！你不仅可以用它来生火、捕猎、喝上干净的水、搭建遮风挡雨处，还可以缝补衣服。

第二章

取水

在陆地上寻找水源

如果没有食物，你可以活两周左右；如果没有水，你在两到三天内就会送命。别慌！即使在炎炎烈日下，你也可以在周围的山峰、山谷以及树林里找到水源。

绝境求生真实档案 ⚠

2006年12月，犹他州，达内尔·巴伦吉带着他的狗"塔仔"在莫阿布附近的荒野里跑步。他没有想到自己很快就将为了求生而拼搏。当沿着一条峡谷奔跑时，他在一块冰面上滑倒了，从六米多高的峡谷上跌了下去，摔碎了自己的盆骨（盆骨是人体内较大的骨头，它使人的臀部和双腿保持在正确的位置上）。这是一个可能让他送命的伤势。尽管伤处剧烈疼痛，但达内尔知道，他必须走出这个峡谷。他开始用他的双臂爬行，这极其消耗体力。因此，他出现了脱水的症状。于是，他喝下了积雪融化而成的水——这是他在岩石间的水坑里找到的。通过饮用这些水，并坚持做腹部锻炼来保持体温，他一直醒着坚持了52个小时。最后，塔仔跑了回去，并惊动了寻找达内尔的救援人员，它带着救援人员返回了达内尔身边。达内尔被送至医院并幸存了下来。

如果你在野外迷路，身上又没带水，时间也所剩无几，但是你如果熟练掌握了一些技能，就可以寻找到挽救生命的水源。水有一个最重要的规律，那就是它总是从高处流向低处，而且它喜欢沿着沟渠流淌。你可以去勘探一番，搜寻一下山谷底部或者小沟渠，看看是否有隐蔽的水流，再仔细观察岩石表面，看看缝隙处是否有水往外滴（多岩地带的阴影处也许有小水潭存在）。你再观察一下植物和动物，在干燥的荒野地带有绿色的、郁郁葱葱的植物吗？如果有，这通常意味着荒地附近有水，即便水是在地下（参见"TIP 05"）。此外，食草动物（如牛、鹿）到黄昏时常常会漫步到水边。你跟着它们就能找到水源，但不要离它们太远，那会让你迷失方向。昆虫们也喜欢待在水源附近，所以你要注意寻找在某些地方嗡嗡叫的、成堆的飞行昆虫。另外，你还要留意在树上列队爬行的蚂蚁，它们很可能发现了留在树洞中的积水。

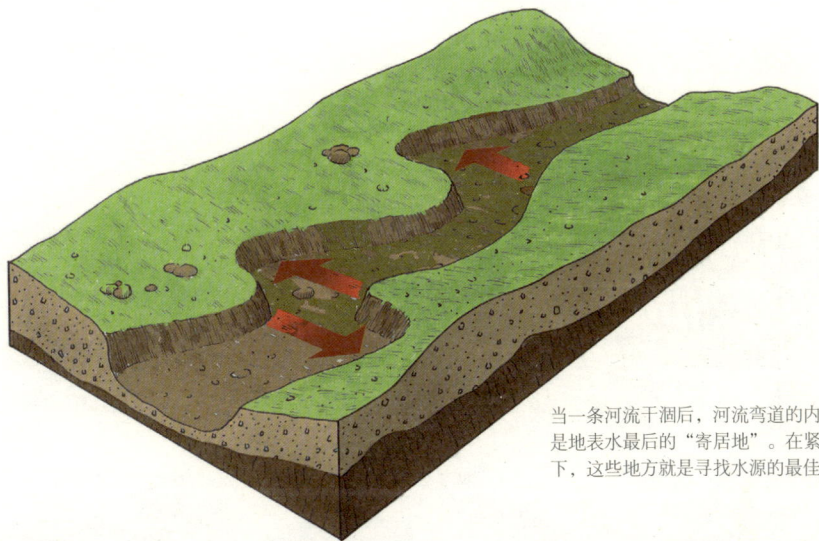

当一条河流干涸后，河流弯道的内侧往往是地表水最后的"寄居地"。在紧急情况下，这些地方就是寻找水源的最佳地点。

挖掘水源

你在地面上寻找水源，却一无所获。眼前的情况看似绝望，而解决办法可能就在你脚下。

水可能会很快地从地表消失，但它依然存在于地下。以下是一些找水的好地点，你应该对其加以勘测：

①看似已经干涸的河床。特别要留意河床弯道的外侧、荫蔽处、岩石林立的地方以及深洞。

②两个沙堆间的沟壑或者灌溉渠（这种水渠是用来将水引入农田的）。

③略高于沙滩满潮线的地方。在这里，你可以看见沙地上有一条碎石排成的线。一旦你发现了一处大有希望的地点，就可以开始挖掘了。你要找一根大树枝，用刀对树枝的一端进行切削，直到将其削成一个像铁锹那样的平刃，然后用这根木棒在地上挖出一个30厘米宽的坑。过了一会儿，坑里的泥土可能会变得潮湿起来，而坑洞会被从侧面渗出的水逐渐充满。把水舀入杯中，将其过滤并煮开后再饮用。

如果你已经挖了几十厘米深，但坑里除了干燥的泥土就没别的什么东西了的话，就只能换个地方挖了。

在表面看似已经干涸的河床上挖掘一个几十厘米深的坑。

挖完坑后，存储在泥土中或地下的水便会渗透泥土，流入坑里。

你从小溪或者河流里打来了一杯水……别喝！这些水看起来很干净，但里面有很多细菌和虫子，你可不想让自己生病，对吧？

你必须要做的第一件事就是去除救命的水里面的脏东西。一个最简单的办法就是将水倒入一片质地细密的布料上（例如一件旧 T 恤），再让水流入一个容器中。如此反复几次后，你会发现脏东西已经吸附在布料上（如果你没有这样过滤的话，这些脏东西就被你喝下去了）。

更好的办法是，制作一个过滤器。最好的过滤器会用不同的材料，构建出好几层来。要制作一个临时的、出色的过滤器，应先做一个布袋（例如将 T 恤的领口和袖子扎起来），然后用不同的材料交替填充。填充物可以先是一层沙子，然后是一层石块，再是一层沙子，再是一层石块。将水从布袋上端倒入，让它慢慢渗透，滴入下方的容器中。布袋中的每一层填充物都可去除水中不同类型的脏东西。你还可以做一个过滤塔，将布袋悬挂在支撑物之间（就像印第安式的圆锥形帐篷那样），在每一层布袋里放上不同的过滤材质。值得一提的是，最好将过滤水净化后再饮用。

过滤塔

未经过滤的水

石块层

沙层

过滤后的水

制作接雨器

尽管看起来不是这样，但雨水确实是你在野外最好的"朋友"。因此，当乌云密布时，你要准备好接雨器……

雨水的好处在于，它是一种干净而又安全的饮用水。这就是你在下雨时应该利用接雨器，尽可能地收集雨水的原因。制作接雨器的方法是：把一块长布缠绕在树干上，在其未扎紧的末端的下面放上接水的容器。下雨时，雨水会沿着树干落下或落到长布上并浸湿长布，然后滴入下面的容器中。这种水通常是干净的，是可以立即饮用的。

还有一个方法：将四根木杆插入地下，将一块防水布（例如搭帐篷用的防潮布）系于其间，然后把一些石块放在防水布上，使防水布的一端向下倾斜——在这里放上接水的容器。下雨时，雨水就会沿着防水布流淌，穿过石块流入接水的容器中。

使用这样的接雨设备，你很快就可以把所有的容器都装满干净而又新鲜的饮用水了。

如果你体力充沛，还有一个能让你收集到更多雨水的好办法：挖一个大圆坑，并把一块塑料防潮布铺在圆坑上。下雨时，雨水会积满圆坑，你很快就将拥有一个私人蓄水池了。切记，别把雨水保留太长时间，它在几天之内就会成为变质的死水。

塑料防潮布 ———

石块 ———

将水净化

你觉得恶心、头晕目眩，你的胃里翻滚不已，你迫切地觉得自己需要冲进厕所。导致这一切的原因很可能是你半个小时前喝下的那杯水……

虽然你已将水进行了过滤，但它里面可能依然存在着我们肉眼看不见的细菌。这些细菌可能是有害的，甚至可能会要了你的命——这就是你需要净化水的原因。这并不难。最好、最快捷的净化水的方法是使用专业净化剂。净化剂的价格很便宜，携带也特别方便。它是一种能杀死水中细菌的化学品，你只

需要按照包装上的说明书去做，就能得到可以安全饮用的水。

另一个净化水的办法就是使用净水泵——你可以在野营装备商店里买到这种设备。净水泵的内部含有用于净化水质的化学物质。你所要做的就是把净水泵的一端放入水中，然后上下推拉净水泵的把手，可饮用的干净水便会立即从净水泵的导管处流出。就这么简单！

不过，还有一种传统的净化水的办法，其效果一样好。这种办法很简单，就是将过滤后的水放入金属容器中，然后放在火上将水烧开（大约需要10分钟的时间将水煮沸，然后让它冷却）。现在，你就可以安全饮用它了。但是，这里需要注意的是，如果水中含有任何人造化学物质（如化肥），即便水已经烧开，但还是不能安全饮用。

用来煮开水的金属容器。容器上方覆盖一块布是为了防止水被大量蒸发。

制作太阳能蒸馏器

当你迷失在酷热的沙漠地带，你的四周除了滚烫的沙子和岩石而别无他物时，你很快就会因为没有水而变得绝望。下面的技巧将告诉你，哪怕只有几个塑料袋，也可以挽救你的生命。

这个世界上有很多地方（特别是沙漠地区），几乎没有水源，也很少下雨。在这样的条件下，你怎么可能生存下去呢？别慌！这里有一个办法，能让你得到少量绝对安全的饮用水。水蒸气是由空气中的水分子构成的，它将成为你的救星！你可以通过自制的太阳能蒸馏器来获得这些水蒸气。首先，你需要一大块塑料布（或者一个展开的塑料袋）并确保这块塑料布上没有孔洞。其次，你要在地上挖一个30厘米深的坑，并在其底部放上一个容器。注意，坑要比塑料布窄上几厘米。接着，你要将塑料布展开并铺在坑上，再用石块和泥土压住塑料布的边缘——别留下任何缝隙，别让炙热的阳光蒸发掉任何水分。最后，你还要在塑料布的中央放上一块石头，这样可使塑料布向着坑底的容器下垂。现在，你可以离开一整天了。白天的热量将使土壤里的水蒸气上升，然后聚集在塑料布的背面并变成冷凝水。冷凝水会沿着塑料布下滑，滴入容器中。依靠这些不断滴下的冷凝水，你就能保住自己的性命了。

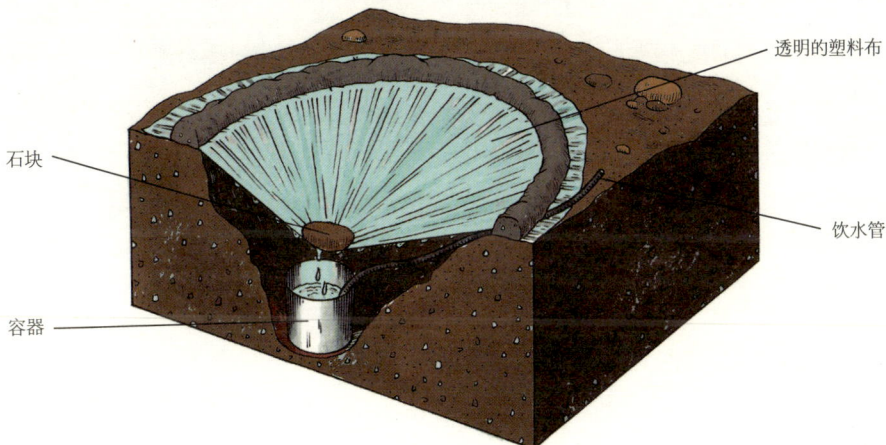

透明的塑料布

石块

饮水管

容器

制作植物蒸馏器

在树林覆盖的荒郊野地里，树木和灌木丛能给你提供食物。如果你掌握了以下的专业技巧，它们还能为你提供水。

下面将为你介绍如何制作一个"植物蒸馏器"。先找一个塑料袋，确保塑料袋上没有小洞或裂缝——任何孔洞都将导致这一工具失效。然后，找一根布满浓密绿叶的树枝（别选干枯、死去的树枝，它们不会为你提供任何水分），并将塑料袋套在上面。将塑料袋口紧扎在树枝上，不要留下任何缝隙，然后让其静置24小时。塑料袋内的空气会开始升温，逼出树叶内的水蒸气。水蒸气凝结成水滴，并滴落在塑料袋的底端。收集完这些水之后，你就可以饮用了。

将塑料袋放置在树木或灌木丛上时，你要在塑料袋、树枝与树叶之间留足空隙，否则树枝或树叶会将滴落的水滴迅速吸收。你可以使用一两根光秃的树枝将塑料袋与树叶分开。与使用太阳能蒸馏器一样，你也许能利用这种植物蒸馏器来得到挽救生命的水。

绝境求生真实档案 ⚠️

想得到更多的"蒸馏器"挽救人类生命的证明吗？

1982年1月，加那利群岛附近，斯蒂芬·卡拉汉的船沉没了，他坐在救生筏上，在大海里漂流。他只有4.5升水，但他还有一个太阳能蒸馏器。这一设备能让海水变得可以饮用（海水在蒸馏器的底部蒸发，其中的盐被分离出去，而水蒸气则汇集在蒸馏器的圆顶上，形成水滴后流入收纳瓶内）。卡拉汉有几次险些丧命，并不得不击退接连不断的鲨鱼的攻击。然而，尽管他在获救前在海上漂流了76天，但太阳能蒸馏器还是为他提供了刚好能维持生命的淡水。

塑料袋

水

重物

第三章

宿营和掩蔽

选择露营地

如果选择了错误的露营地点，你可能会面对灾难——从被昆虫蜇咬到被倒下的大树砸中，一切都有可能。

首要规则：别把营地设在山顶上，那里的风和雨会让你苦不堪言。最好找一个有岩石、山丘或者树林，能给你遮风挡雨的地点。在气候温暖时，你肯定需要微风吹走身边的烟雾和昆虫，但是切忌把露营地安置在谷底或地面的洼陷处——这些地点到了夜间会很冷、很潮湿，一旦下起雨来，这些地方还很容易被水淹没。相反，你应该把露营地设在平坦、干燥的地面上，并确保附近有树林（可以取火）、河流或小溪（可以取水或钓鱼），因为谁也不想走上几千米去获得这些必需品。你选择的露营地一定要与河道保持足够远的距离。一旦水位突然上升，你的露营地就不至于被淹没。现在，抬头看看——不要把你的宿营地或帐篷搭建在看起来已经枯死的大树下，因为巨大的树枝可能会断裂并砸到你。另外，一定要注意检查附近有没有胡蜂、黄蜂、蜜蜂或者蚂蚁的巢穴——昆虫的攻击是你在野外生存中必须要考虑到的。

一棵枯树可以为你提供木柴。

一块巨大的岩石能够反射火的热量，为你或你的露营地保持温暖。

一条河流是为你提供食物（鱼）以及饮用水的方便来源。

在合适的季节，树林能为你提供可食用的坚果、浆果或水果。

正确地布设露营地

一个熊熊燃烧的火堆，一个温暖而又舒适的住处，食物和饮水都存放在附近……你刚搭建起了一处完美的野外露营地。

如果你迷失在荒郊野外，别让自己陷于绝望之中。相反，你应该积极地搭建起一处出色的露营地。首先，在地面上清理出一片直径三米左右的圆形空地——用一根带树叶的树枝将地面的落叶、枯草以及树枝清扫干净。其次，将火堆放在中央，而把你的营地设在边缘处。这样一来，营地及周围的一切都不会因为火星或火焰导致失火。此外，在大岩石或大树桩旁边生火，也是个不错的办法。当火堆燃烧起来后，如果你坐在岩石和火堆之间的位置，岩石将反射火焰的热度到你的后背，让你的全身保持温暖。接下来，把引火物和木柴收集起来，放在触手可及的地方。再在附近搭建一个接雨器，这样，在你睡觉的时候，它会为你收集雨水。如果你刚好身处雨季，围绕着露营地挖掘一条排水沟是个不错的主意。如果倾盆大雨突然降临，排水沟会将营地里的积水排出。最后，在距离营地约100米的地方搭建一个厕所。请确保厕所位于下风处，以免令人不快的气味被风吹回来。

绝境求生真实档案 ⚠

一个露营地看似非常普通，但在气候恶劣时，它却将成为不可或缺的庇护所。

2007年9月，俄罗斯探险家亚历山大·兹维列夫到中国西部的一条湍急的河流中进行漂流冒险。在两起单独的意外事故中，木筏倾覆并导致探险队中的四人丧生，只有亚历山大独自存活了下来。

在这片荒野中既没有食物也没有水。而亚历山大身上也只穿了一条长裤、一件T恤，以及一件带帽子的雨衣。更糟糕的是，当时的气候又冷又湿。亚历山大利用河岸上的洞穴作为栖身之所，每天晚上，他都用采来的树枝为自己铺床。他尽最大的努力让自己保持体温，并且靠饮用河水使自己活了下来。他在野外生存了25天之后，成功获救。

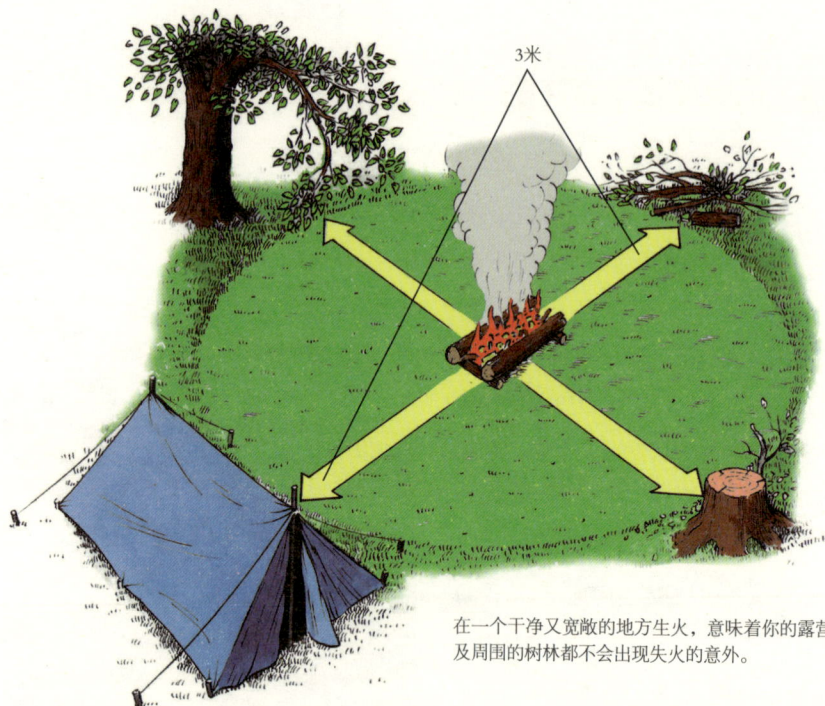

3米

在一个干净又宽敞的地方生火，意味着你的露营地以及周围的树林都不会出现失火的意外。

TIP 13 搭建树屋

雪下得又密又快，你又湿又冷。你现在需要的是一处简单的容身地，以免自己被冻死。

搭建树屋是让自己避免风吹雨淋的好办法。你所需要的只是一棵杉树以及一些树枝。找一棵枝叶茂盛的杉树，围绕着它的底部挖掘一条壕沟，其深度能让你坐入其中即可。实际上，你头上厚厚的杉树枝叶形成了一个屋顶，它可以为你遮风挡雨。此外，在你所挖的壕沟的四周堆砌石块也有助于避风。如果你打算在这一壕沟里住上一段时间，还可以在壕沟的四周用树枝加固树干。将树枝连接在树干上（比如用绳索将它们绑在树干上），能加固这一"建筑"。然后用厚厚的几层树叶覆盖树枝，你的树屋便大功告成了。

厚厚的树枝为你提供了温暖和庇护。

杉树的主干使你的树屋非常坚固。

你可以坐在围绕着树干挖掘出的壕沟中。

搭建冰雪屋

　　夜色中，当你被困于冰雪覆盖的荒野，或者当你面对肆虐的暴风雪时，一座冰雪屋能挽救你的生命。

　　最简单的冰雪屋，就是一个雪洞。先找一个由厚厚的、非常坚硬的积雪堆成的大雪堆，然后直直地挖进去大约一米深，并把洞扩大到能让你爬进去的宽度。接下来，爬进去继续拓宽雪洞的内部，直到它可以让你舒舒服服地坐在里面为止。请确定，洞穴的顶部和四壁都是圆形，这样一来，冰雪融化形成的水滴会沿着边缘滑落，而不至于滴在你的头上。在地面上铺一些树枝——杉树枝就很好——这样，你就有既温暖又干燥的坐垫了。然后，用一根小木棒在冰雪屋的墙壁上钻两个洞，让空气得以流通（这是非常重要的一个步骤，千万不要疏漏）。最后，用你的背包或者一捆扎起来的树枝和树叶充当"门"。

制作冰雪屋的另一个办法是：先找来一大堆树枝和树叶，然后在上面覆盖一层厚厚的积雪。等积雪变硬后，小心翼翼地将里面的树枝和树叶逐一抽出，这样便可留下一个空心的洞穴。

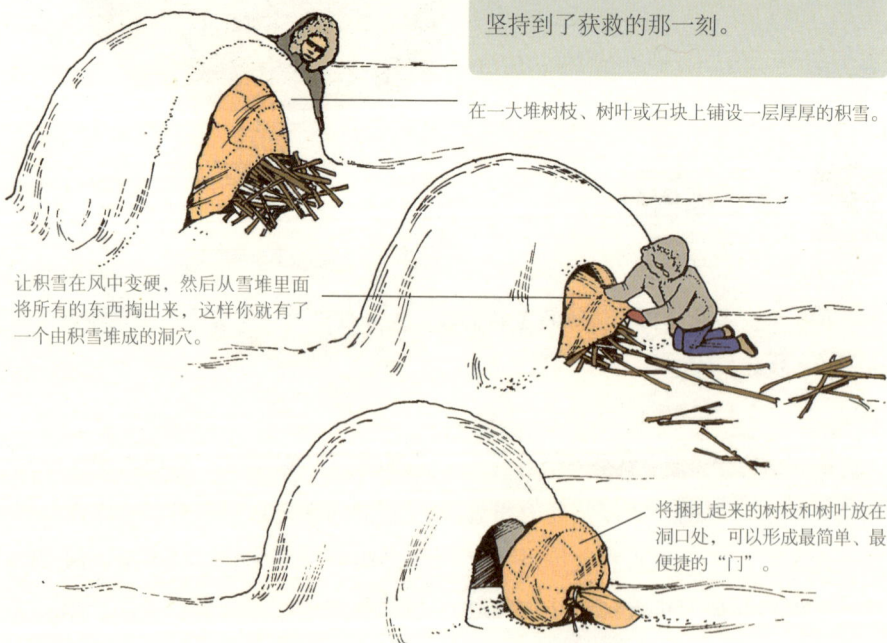

在一大堆树枝、树叶或石块上铺设一层厚厚的积雪。

让积雪在风中变硬，然后从雪堆里面将所有的东西掏出来，这样你就有了一个由积雪堆成的洞穴。

将捆扎起来的树枝和树叶放在洞口处，可以形成最简单、最便捷的"门"。

在冰雪屋中，搭建一个单独的床铺区，铺上一层厚厚的杉树枝。床铺区应比冰雪屋中其他位置略高一些，从而获得上升的热气。

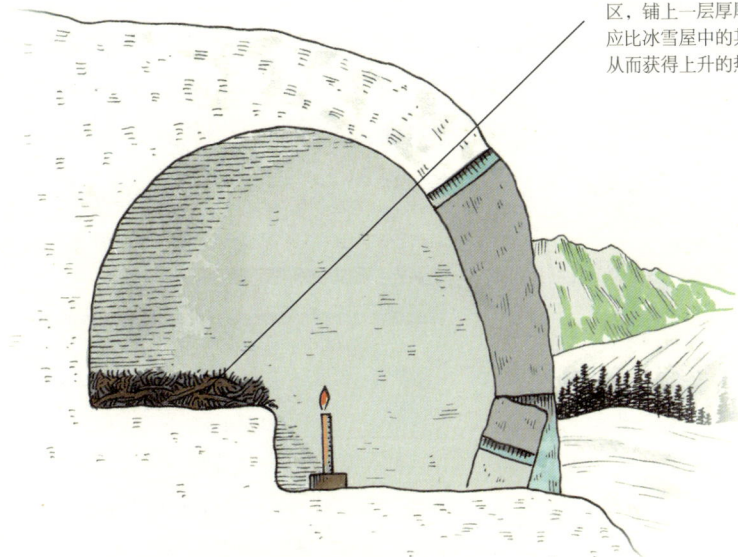

一座冰雪屋的俯瞰图。千万别忘了通风孔，没有它们，你会窒息而死。

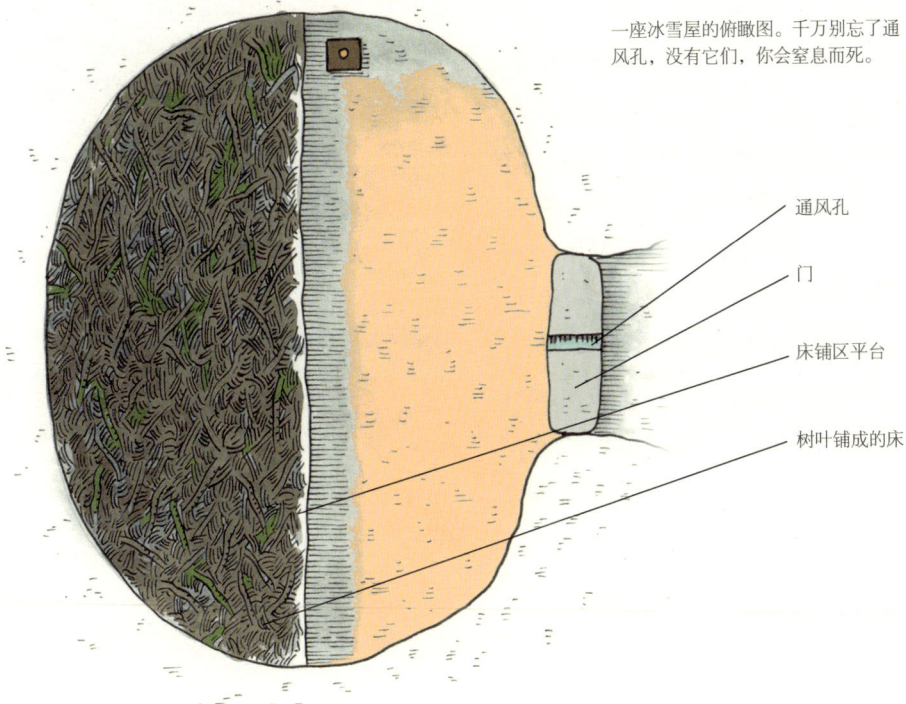

通风孔

门

床铺区平台

树叶铺成的床

搭建一处披屋

在野外环境中，森林是你的"朋友"！只要你身边还有树枝，就不会没有遮风挡雨处。

能搭建一个披屋，就表示你正在成为一个真正的野外生存高手。一开始，先找一些粗大结实的树枝，去除树叶，做一个披屋的框架。这个框架可以水平地固定在两棵树（或者其他东西）之间，而其他的树枝则与之垂直（请确保框架的斜坡处于迎风面）。

此外，还有一个办法，让你也许根本就不需要制作水平支撑物：把垂直的树枝靠在一段倒下的大树上或者是一块岩石的表面即可。然后，再用一些绳索或者粗壮的、有韧性的植物藤条将披屋的框架牢固地扎在一起。接下来，找一些枝叶茂盛的树枝（杉树树枝真的很棒），并把它们固定在框架上，形成一个厚厚的、保暖又防水的遮蔽物。将树枝固定在一起，可使这个披屋更加牢靠。最后，用泥土或泥浆把所有的孔洞堵上。

一间披屋做好后，记得在地上铺上一层厚厚的树叶——如果你坐在光秃秃的地面上，身上的热量会很快流失。

绝境求生真实档案 ⚠

要知道一个简易披屋的巨大作用，只需了解一下雅各布·艾伦的故事即可。

2007年10月，艾伦在莫农加西拉国家森林公园与父母走失了。艾伦患有自闭症，尽管当时他已经18岁，但他的智力水平却非常低。艾伦走丢了，而寒冷的夜晚也即将来临。担心不已的父母报了警，一场大规模的救援行动开始了。虽然连续四天的搜救都没有找到艾伦，但当人们最终找到他时，他还活着。艾伦的幸存全靠他躲在了一大堆月桂树和岩石上生长的杜鹃花丛里面。这些树叶是如此茂盛，像把大伞那样为他遮风挡雨。艾伦的经历表明，在荒野中，大自然的遮蔽物会对你的生存发挥多么大的作用。

主要的水平支撑物——你应该挑选一根粗壮的树枝。

厚厚的树叶所形成的遮蔽物，能让你保持温暖。

TIP 16　搭建一顶圆锥形帐篷

睡在一顶印第安式的圆锥形帐篷中，会让你觉得舒适无比。向美洲原住民学习一下如何搭建这种简单但却有效的帐篷吧！

圆锥形帐篷最棒的一点是，你可以把它收起来，并把它从一个地方带至另一个地方，既省时又省力。制作正确的话，圆锥形帐篷是很牢固且很通风的。如果在制作时使用了合适的材料，你甚至可以在帐篷里生火。当然，一项用于野外求生的圆锥形帐篷还是比较粗糙的，你无论如何都不能在这里面生火。

首先，你需要一些木棍。砍下五六根长一些、直一点的树枝，把它们切成大致相同的长度（约1.8米）。然后用一根树枝在地上画一个圆圈，让每根树枝沿着圆圈，按照相同的间隔排布。接下来，在地上挖出小洞，将树枝插入其中。一根接一根地将树枝顶端捆绑在一起（可以用绳索，也可以用柔软而有韧性的植物枝条），便得到了一项经典的圆锥形帐篷的雏形。现在，用一块大的防水材料（如搭帐篷用的防潮布）把搭成的架子包裹起来。最后，在开口处的几个点上，由上到下把这块防水材料连接起来，这样便形成了一个空间。或者，你也可以用一层厚厚的树叶来覆盖搭成的框架。记住，一定要留下一个"门"以方便你爬进爬出。这种临时搭建的圆锥形帐篷，其大小只能让你坐在里面，可一旦坐进了帐篷中，你便会感到既温暖又安全。

做一顶简单的圆锥形帐篷，你所需要的只是一些木棍、一块帐篷布以及一些绳子而已。看看这个孩子是如何在地上画了个圆圈以帮助自己正确地安放木棍。他把木棍的顶端绑在了一起之后，又在外面蒙上了一层帐篷布。很快，一顶牢固的帐篷便搭成了。

制作一个 A 形棚屋

夜间，你需要一个安全的地方睡觉，这个地方将为你遮风挡雨，并使你免遭闲逛的动物的伤害。

一个 A 形的棚屋绝对是夜间睡眠的理想场所，因为它的长度足以容纳你的全身。首先，你需要将一根长一些、直一点的树枝，水平放置于距离地面至少1.2米处——让我们称之为"支撑杆"。你可以通过两根 Y 形的支撑物固定这根树枝的两端（Y 形支撑物可以是大些的分叉的树干），或者把这根支撑杆放在两个固定物上方（例如彼此靠近的两棵树）。一旦完成了这一步，你就要从两侧进行操作，分别将其他的树枝沿一定角度靠在支撑杆上，并在确定了位置后将它们的顶端固定住。接下来，如果你手上有足够的绳索，可以按照下图所示，将其他的树枝水平固定在框架上，使框架变得更加牢固。最后，等框架搭建完毕后，在上面覆盖一层厚厚的树枝、树叶、草、泥土或泥浆等即可。

此外，还有一个更快捷的制作 A 形棚屋的方法：将"支撑杆"的一端固定在树木的分叉处、一块大岩石上或是一段倒下的树干上。这样做出来的棚屋

可能会向下倾斜，但是在你睡觉时，可以将双脚放在低的一端来缓解不适。

绝境求生真实档案 ⚠️

生存小屋并不总是像你所想象的那样。

2006 年 11 月，华盛顿州亚当斯山附近，达利尔·布莱克·简和他的车被困在了一条被冰雪封堵的偏远公路上。天气非常恶劣，地上的积雪有 2.1 米厚，雪的重量甚至压倒了整棵大树。在这条 91 千米长的道路上，交通完全中断了。布莱克只有一些香蕉片、米糕，以及一点水——这还是他为几天后的出行准备的。车内的温度已经下降到了零摄氏度以下——尽管他偶尔会启动发动机以获得一些热量。此外，布莱克还要不时地走出车外去清理积雪，以免连人带车被雪掩埋。可是，他把自己的汽车作为一个救生棚屋，并且坚持了两个星期，直至最终被雪橇救援队救出。

如果你的做法正确，而且所有的一切都扎得很紧的话，A形棚屋确实会非常牢固。当你为棚屋披上一层厚厚的植物来保暖时，还可以添加一块防潮布——如果你手上有的话。这将为你的棚屋增加额外的防水功能。

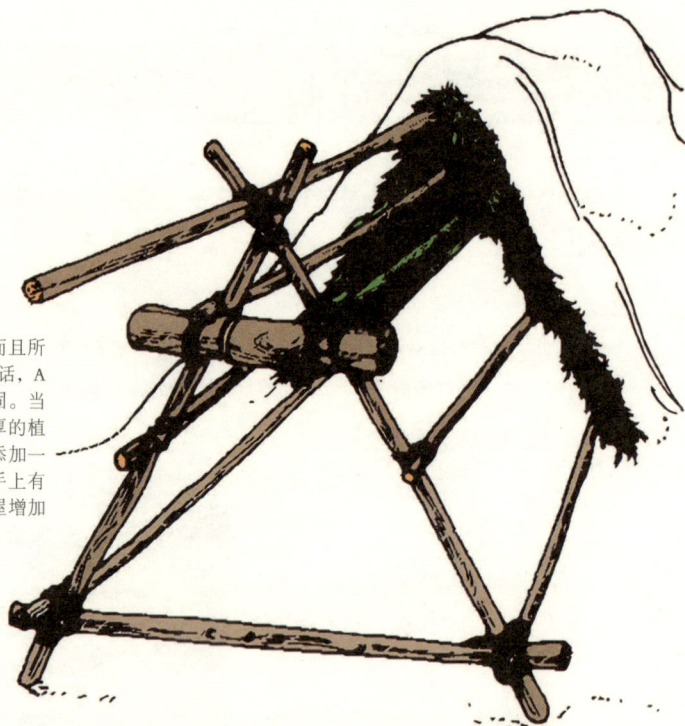

在炎热的季节里，你甚至不需要棚屋的"门"——只要能让自己免遭日晒雨淋之苦即可。

层层重叠的树叶可以使
雨水向下流走。

支撑杆

Y形支撑物

制作吊床

蜷缩在轻轻摇晃的吊床内，篝火在旁边袅袅生烟，你可能会忘记自己现在正在为生存而努力。

吊床确实是非常舒适的、适合野外生存的床铺——只要你有合适的材料来搭建它。你需要一大块足够牢固的布料，其长度要超过你的身体。将这块布料摊开，对折一下，在顶端和底部标出中心点。接下来，走到布料的一端，从两侧将这块布料折出五厘米的皱褶——就像制作一把纸扇那样，这些皱褶将在中间位置会合。然后，用支撑绳在中心点以下数厘米的地方扎紧布料。将支撑绳的绳结上方的布料对折至绳结下方，牢牢扎紧——这样做是为了防止支撑绳的绳结滑脱。在布料的另一端重复这一过程。最后，你就可以把自制的吊床拴在两棵大树之间了。

还有一种简单的吊床，如下图所

示：在这块布料的两端分别卷入一根木棍，然后用绳索将两端的木棍与树木相连接。

吊床更适用于炎热的地区而不是寒冷的地区，因为这种床不会给你任何温暖。所以，下雪的时候，别搭吊床！

这种热带吊床是简单地挂在三棵树之间的。在炎热的天气里，它是一张很棒的床，睡在上面很凉爽。而且，它还能让你远离地面上的昆虫的骚扰。

制作一张临时的床铺

你躺在冰凉的地面上，身体也变得越来越凉，这时，一张临时的床铺决不能被视为奢侈品。

在野外生存中，床铺有两个作用。第一，它能让你在夜间获得更好的睡眠，而这就意味着你能更好地对抗疾病并保持精力充沛。第二，躺在光秃秃的地上，天气炎热时会遭受昆虫的骚扰，而气候寒冷时体温则会被地面吸收。最简单的床铺是在地面铺上一层厚厚的树叶——这能为你提供一层护垫，并起到隔热的作用。这种简易床铺的材料可以是大量的草类或蕨类植物，或者杉树枝。杉树枝的确是非常好的材料，因为它的枝叶很平坦，而且即使是在冬天，杉树枝上依然留有针叶。在地上厚厚地铺上一层这些材料，然后，如果你手头有的话，用一张床单铺在上面，这就快速形成了一张简单的床铺。在炎热的季节，最好让你的床铺离开地面。否则，虫子们将把你当成它们的晚餐！此时，可用木棍制作一个离地几厘米的平台（具体做法参见下图），然后在这个平台上铺好你的床铺。

这个带平台的棚屋，用相互连接的竹片搭成了床铺。

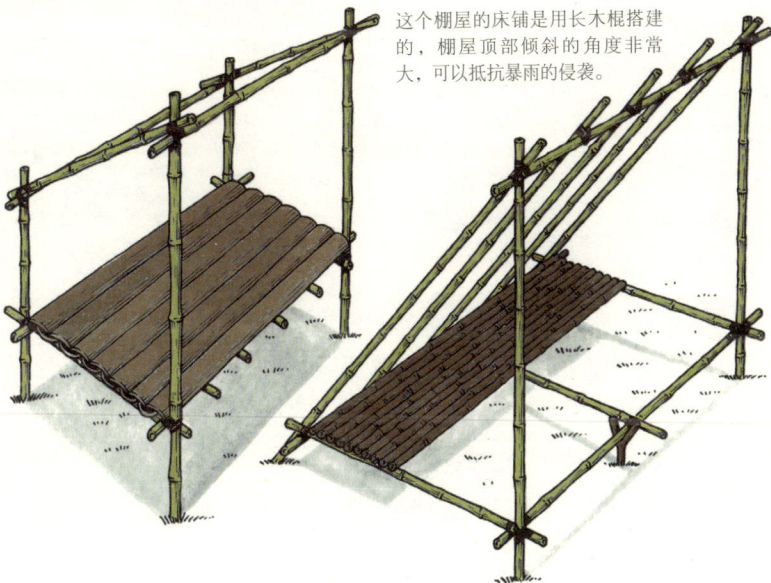

这个棚屋的床铺是用长木棍搭建的，棚屋顶部倾斜的角度非常大，可以抵抗暴雨的侵袭。

制作动物报警器

夜间，灌木丛中传来了令人不安的沙沙声。这也许是风，也许是即将袭击你的营地的大灰熊。

许多野生动物会毫不犹豫地潜入你的露营地，偷取你的食物。熊、美洲狮和狼，也许只是危险的一部分。你要尽可能地保持营地的清洁，以避免吸引这些动物。别把食物放在你的帐篷或棚屋中——你肯定不想在醒来时发现一只饥饿的熊站在你的面前。安全储存食物的办法是：在两棵树之间高高地拉起一条绳索，将食物放在容器中或袋内，然后挂在绳索上。

还有一种预防措施就是：制作一个"动物报警器"。在夜间，一旦有野兽闯入你的露营地，它就会及时向你发出警报。"动物报警器"的制作方法很简单。首先，在一根长长的绳子上按照一定的间隔，均匀地挂上一些铁罐子，并在每个罐中放上一些石块。然后，把这条悬挂了铁皮罐的绳子捆绑在宿营地周围的灌木丛和树木上——绳子的高度要低到可对野兽的行走形成障碍。如果你手头没有绳子，也可以把铁皮罐挂在树枝上，然后将树枝拉到任何道路或者露营地的入口处。当野兽擦过你布下的"动物报警器"时，铁皮罐便会叮当作响。这些声音能提醒你，有"入侵者"来了（如果有人靠近，它同样会提醒你）。

绝境求生真实档案 ⚠️

通常，狼会避开人类，但在某些罕见的情况下，它们也会成为真正的威胁。1915年2月，一支加拿大北极考察队在加拿大西北地区宿营。队员们待在帐篷里，而雪橇犬则蜷缩在帐外。突然，他们听见帐外传来狗撕咬的声响，跑出去之后看见一只很大的母狼正在攻击雪橇犬。考察队里的一个人向着母狼冲去，试图将它吓跑，却反而遭到了母狼的攻击。队里的另一位名叫詹宁斯的成员，设法抓住了狼的颈背，而狼则扭过身来狠咬他的手臂。詹宁斯奋力还击，并成功地将这只狼掐了个半死。最后，这只母狼在转身逃跑时被考查队里的另一个人开枪打死了。

TIP 21 修建一个简易厕所

为了生存，你必须使自己保持身体健康。虽然修建一个简易厕所，听起来不那么有趣，但如果你不想"招惹"疾病，这却是一个非常重要的环节。

一个好的厕所，有助于让昆虫和某些动物远离你的生活区与用餐区（熊会被人类排泄物的气味所吸引），并让你远离疾病的威胁。如果你打算在营地里停留一天以上的时间，那么，修建厕所应该是你优先要做的事情之一。

首先，选择一个正确的位置。这个位置要至少离你的营地100米远，但也不能太远——你总不想在暴风雪中为了找厕所而迷路吧？另外，可以把厕所设在灌木丛或其他物体的后面，这能为你保留一点隐私。厕所的位置应该设在你的下风处，也就是说，风先吹到你，然后才吹到厕所。如果你弄颠倒了，一些可怕的气味就会吹到你的露营地。其次，一旦你选好了位置，就挖一个深 0.6 米、长 1 米、宽 0.3 米的坑。使用厕所时，你可以两脚分别踩在厕所两边，蹲在坑上。每次你上完厕所后，用一层厚厚的泥土覆盖住排泄物即可。

TIP 22 保护自己免遭虫咬

别太担心会遇上熊、蛇或其他大型猛兽。在野外，你真正的敌人是一大群会叮咬人的昆虫。

昆虫可以说是真正的祸害。它们不仅会咬人蜇人，还会传播疾病。特别是在温暖的季节里，你无法完全避开它们。不过，还是有办法能减少它们对你的骚扰。首先，你要确保身体的各个部分（包括双手、面部和颈部）都涂抹上了驱蚊剂。其次，要尽可能地用衣物将你身体的绝大部分皮肤包裹住。这一点对你的双腿来说真的非常重要，因为靴子和裤子能让你远离壁虱、恙螨和蚂蚁——这些虫子将从地面的树叶上跑到你身上。昆虫一般都不喜欢

烟火，所以一堆烟火可以驱散露营地附近的昆虫。再次，有些地区有很多攻击性很强的昆虫（特别是在热带）。这时，你可以将一个薄薄的保护网套在头上，并将其底端塞入你的衣领中。

最后，如果你发现自己突然间陷入了蜜蜂群或黄蜂群中时，一定要闭紧嘴巴，并用东西盖住你的头和身体，在蜂群飞离之前保持静止不动的状态。如果蜂群朝你攻击，你应该赶紧想办法穿过浓密的树林——树枝和树叶会破坏昆虫们的飞行路径。

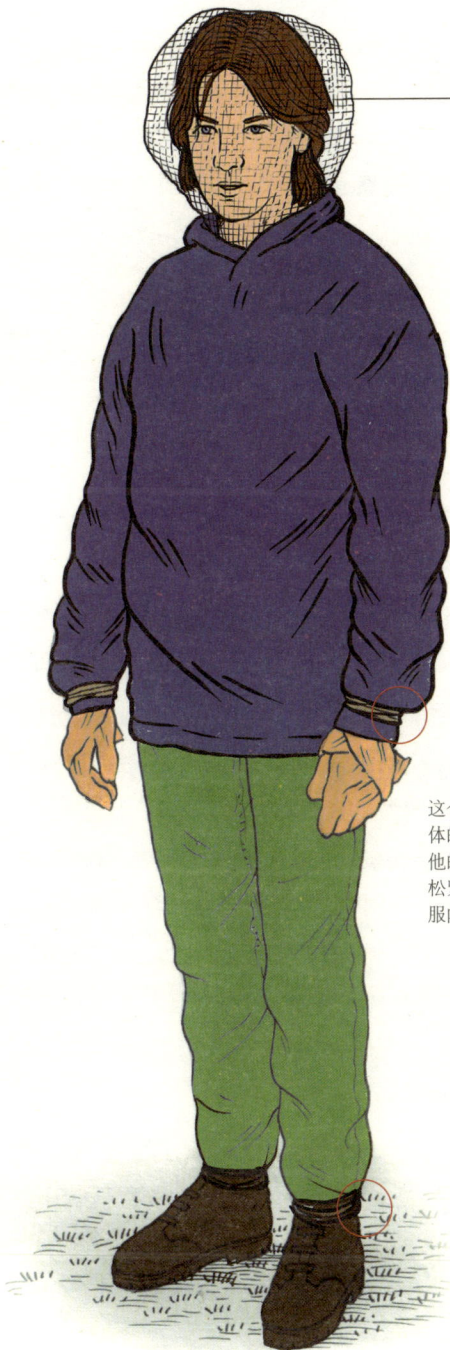

这个人穿着全套的昆虫防护服，身体的所有部位都被覆盖。注意看，他的上衣袖口以及脚踝处都扎好了松紧带——这样能防止昆虫钻进衣服内对人体进行叮咬。

你急需一些木材来搭建棚屋或者取火吗？下面就教你如何砍树，让你变成一个野外求生的伐木工。

用斧子或锯子砍倒一棵小树，是非常辛苦的工作。只有在必要以及能保证安全的前提下，你才能进行这一尝试。不过，你首先需要的是一件合适的工具。而这就意味着，你要拥有一把专业的斧子、大砍刀（对付小树）或者锯子。但在野外求生的情况下，也许你不得不临时找东西凑合一下。

如果在你的救生罐里有一把钢丝锯的话，你可以如图所示的那样，把它扎到一根木棍上，让它变成一把手锯——尽管它只适用于对付小树。现在，你要计算出，你想让树朝哪个方向倒下（树木倒下的地段必须加以清理，并确保顺风）。一开始的砍伐，必须在树木将要倒下的一侧进行。在树干上砍（锯）出一个缺口，深度约为树干的一半，而缺口的顶端应该呈 45 度角。如果树木的缺口开始夹住斧子或锯子，你可以通过重新砍伐的方式来扩大这个缺口。等缺口的深度达到树干的一半时，就要开始从树木的另一个方向再砍（锯）一个缺口——这个新缺口的位置应比第一个缺口的位置稍高些。这样，两个缺口之间便只剩下了一些树干作为"铰链"。这个"铰链"非常重要，因为当树木倒下时，它可以阻止树干朝你反弹过来。切记，树木一旦开始倾斜，你就应该赶紧跑到一边，而不能躲在树后。最后，等着树木轰然倒下即可。

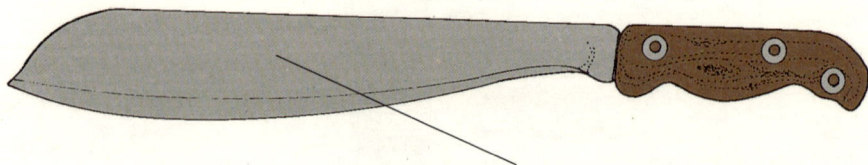

大砍刀

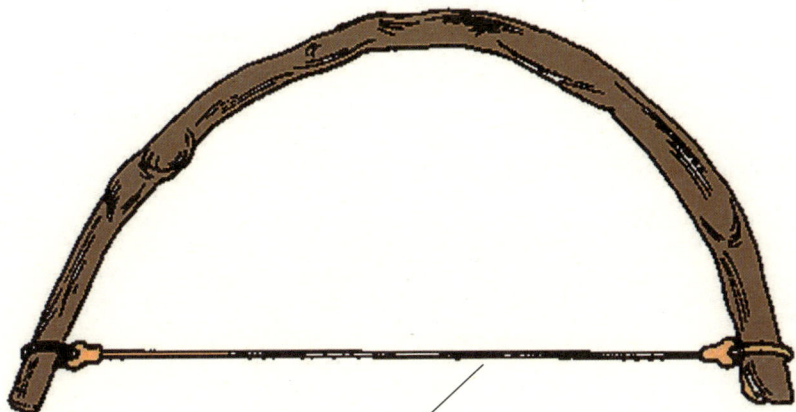

一柄快速而又简单的手锯。请确保钢丝锯两端的圆环
牢牢地卡在木棍的缺口中。

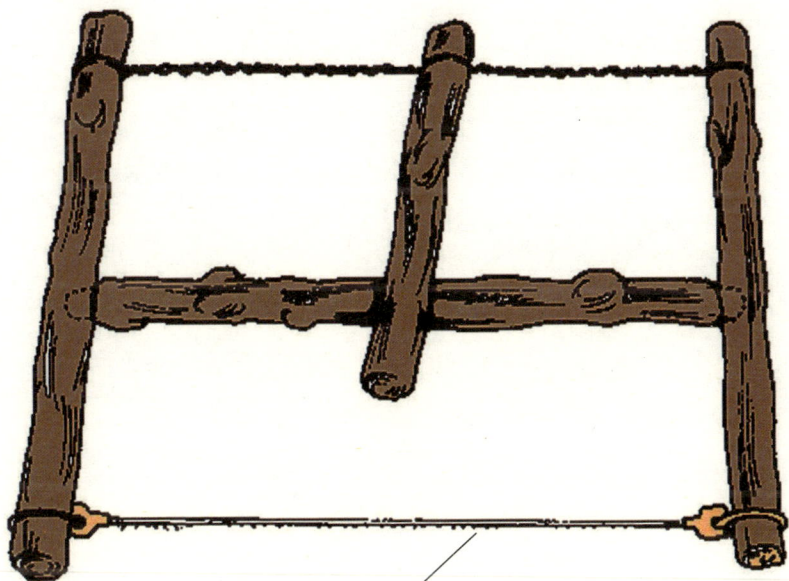

如果你有两根钢丝锯，还可以做一个这样的双人横
锯，以获得更快的切割速度。

第四章

取火

取火的基本知识

即使在最荒凉的旷野中，一堆篝火也将带给你温暖、光亮、热度以及熟食。

取火需要四个元素——火绒、引火物、燃烧物和空气。火绒是用来取火的，它可以是任何轻巧的纤维材料，这些材料很容易起火。在野外生存的环境下，这些材料包括干草、树叶、苔藓、牧草、鸟或动物巢穴的内衬、棉纱线头和棉花等。把这些材料放在两块石头之间略加研磨，以露出里面的纤维。火绒需要完全干燥才能被引燃，所以你要让它远离潮湿环境。你需要准备两团拳头大小的火绒，以备不时之需。至于引火物，就是在你点燃火绒后再加进火焰中的物质，它们可以使火焰燃烧得更加旺盛。在野外，最佳的引火物是干燥的细树枝（尽量选择棕色的树枝，因为绿色的树枝不会燃烧得太好）。其他类型的引火物还包括松果以及树皮碎片等。等引火物使火焰稳定燃烧后，再把你的燃烧物放进去。一般情况下，可以使用大块的干木块；紧急情况下，可以使用干燥的动物粪便（也可以选择潮湿的木块——如果你想搞出大量的烟雾以作求救信号的话）。记住，火需要空气方能持续燃烧。因此，当你点燃燃烧物时，不要把木块堆积得过于紧密，否则很可能会导致火焰熄灭。

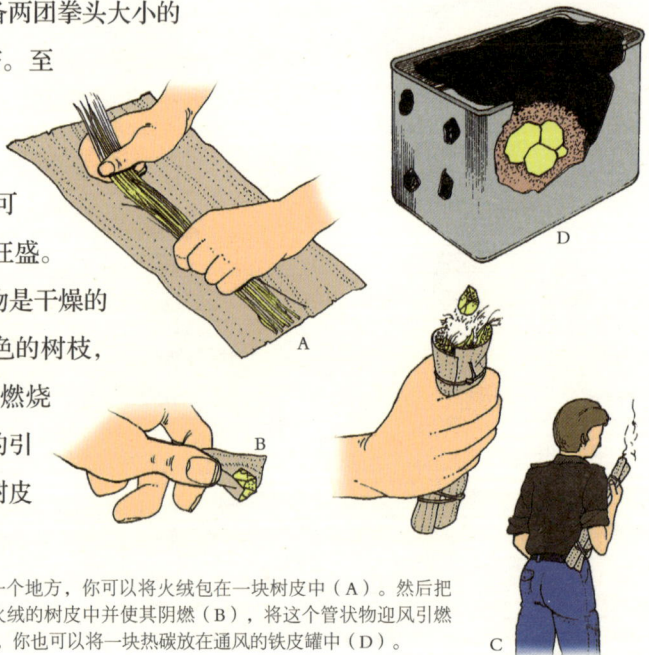

要把火种从一个地方带至另一个地方，你可以将火绒包在一块树皮中（A）。然后把一块有余火的木炭插入包有火绒的树皮中并使其阴燃（B），将这个管状物迎风引燃（C），使其保持燃烧。或者，你也可以将一块热碳放在通风的铁皮罐中（D）。

长条篝火——可用于烧烤食物。

星形篝火——将圆木向里面推，并以此控制火焰温度。

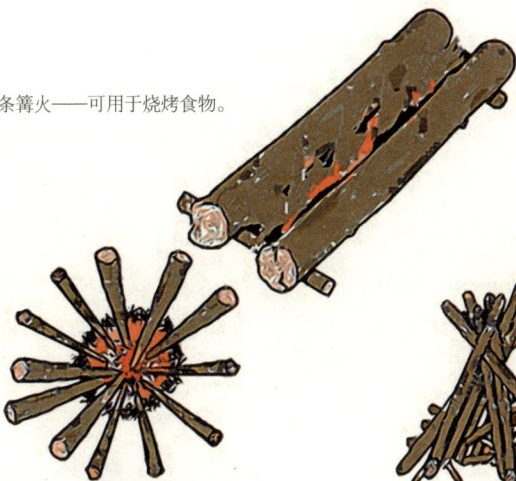

三角帐篷形篝火——这是一个很棒的露营篝火。

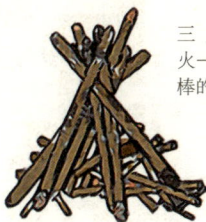

金字塔形篝火——这种篝火能提供很高的热量，但需要大量的木材。

TIP
25

钻木取火

没有火柴吗？别担心！人类钻木取火的历史已经有几千年了。

当你把两个物体放在一起迅速摩擦时，就会产生热量。以下就是钻木取火的方法：首先，找一块或者切一块长而平的软木块。然后在软木块的一端切一个 V 形缺口，并在这个 V 形缺口旁边挖一个小圆凹坑——我们把这块木材称为"火炉"。接下来，你需要找一根坚硬而又笔直的木棍（大约 60 厘米长、2.5

厘米粗），并将其一端削尖。另外，你还要在木棍的钝头一端向下大约三分之一处，切一圈浅浅的凹槽。这根木棍，我们称之为"钻头"。然后制作一张弓，你要找一根有韧性的大约 60 厘米长的树枝，用绳子或鞋带把它弯曲成弓的形状。最后，找一块大小合适的方形木块（能被你舒服地握在一只手中即可），并在这块木块中间凿出一个凹槽。我们将这个方形木块称为"掌托"。为了能引燃火绒，先在火炉开了缺口的一侧垫一根木棍，使火炉这一侧稍稍抬高，再在缺口下面铺上一大团火绒。现在，扭转弓弦，把它固定在钻头上的凹槽处，再把钻头的尖头放入火炉的小圆凹坑中。接着，把掌托放在钻头的顶端，这样一来，钻头便被牢牢固定在两块木头之间了。现在前后转动弓，使钻头快速旋转——摩擦会使热量聚集在火炉的圆凹坑中，而摩擦产生的火花则会穿过火炉的缺口传递到火绒上，并将其点燃。记住，你要把引火物和燃烧物放在一旁，一旦火生起来，就可以随手拿起使用。

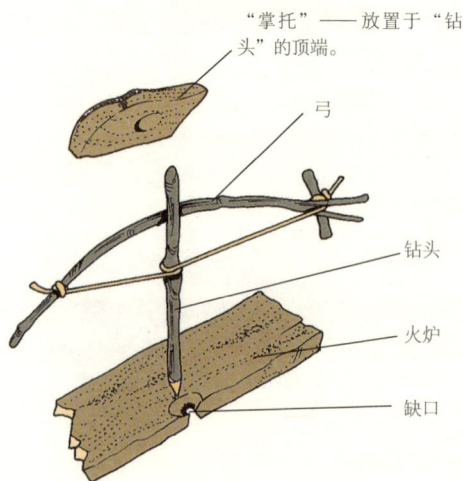

"掌托"——放置于"钻头"的顶端。

弓

钻头

火炉

缺口

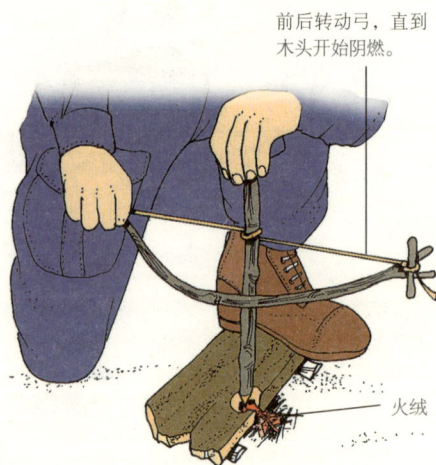

前后转动弓，直到木头开始阴燃。

火绒

TIP
26 **用打火石取火**

用一块金属片擦击打火石，你就可得到一连串的火花。再准备一些火绒，这样你就备好了生火所需要的一切。

在某些地区，你可以找到天然燧石，但取火的最佳工具还是专业制造的打火石和钢片，它们可以在任何一家野外露营装备商店里买到。这种取火工具，大多是由一片碳钢制成的打火棒以及一块打火石组成的。打火棒的表面经过了特殊处理，可以产生大量火花。一些打火工具甚至还包含了镁块，这样你就可以削下一些镁粉放在火绒上，让点火变得更加容易。要用这种方法生火，你一定要多准备些火绒，并把引火物和燃烧物放在身旁。

现在，把打火石放在火绒上。然后用钢片击打打火石，并且钢片移动的方向应该朝着火绒所在的位置。击打时产生的火花落在火绒上，火便会生起来（也许要经过好几次尝试）。轻轻地吹一吹火绒，以帮助火苗更好地燃烧。

绝境求生真实档案

正是因为能在野外取火，所以杰米与苏珊娜在爱达荷州冰封的山上得以幸存。2003 年 3 月的一天，他们开始了原定三个小时的雪地摩托之旅，但在一个山谷处，他们被困在了深深的积雪中，而他们的雪地摩托也停止了运转。虽然他们没有太多获取食物和饮用水的技巧，但他们带有打火机、一些锯子和铲子等工具，以及一些绳索。天气变得越来越差，他们意识到自己在短时间内不会得到救援。于是，他们开始搭建露营地，挖了一个冰雪屋。他们收集了一些柴火，并点上了篝火。两个人轮流看护火堆，以防火焰熄灭。几天后，这场可怕的暴风雪结束了，他们开始步行以期得到救援。每天晚上，他们都会搭起新的营地并点燃篝火。经过五天的野外生存，他们终于被救援飞机发现并安全脱险。

立即生火！让打火石尽量靠近火绒，然后用钢片（打火棒）向下擦击打火石。切记，火绒一定要保持干燥。

用放大镜取火

一个简单的放大镜，不仅可以用来观察昆虫，还可以用来取火。

在适当的时候，一个小小的放大镜会成为你的救星。因此，到荒郊野外进行探险时，随身携带放大镜是一个不错的主意。你不仅可以用它来研究当地的野生昆虫，看清昆虫脱刺的过程，而且在阳光明媚的日子里，你还可以用它来取火。首先，你应该聚拢手头的取火材料——火绒、引火物以及木柴。然后挑选一个生火的地方，最好选择阳光能够直射到的地方（如果这个地点不合适，

你可以带着一根未灭的木炭，或者用青草或树叶包裹一些余烬，换一个地方，利用这些材料重新生火）。用一只手握住放大镜，并调整角度，使其正对阳光。这时，一个光斑将会出现在火绒上，你可以向前或向后移动放大镜，直到落在火绒上的光斑变得非常小，非常亮。让放大镜在这个位置上保持不动，几秒钟后，火绒便会开始阴燃。最后，轻轻地吹下火绒，让火焰燃烧起来即可。

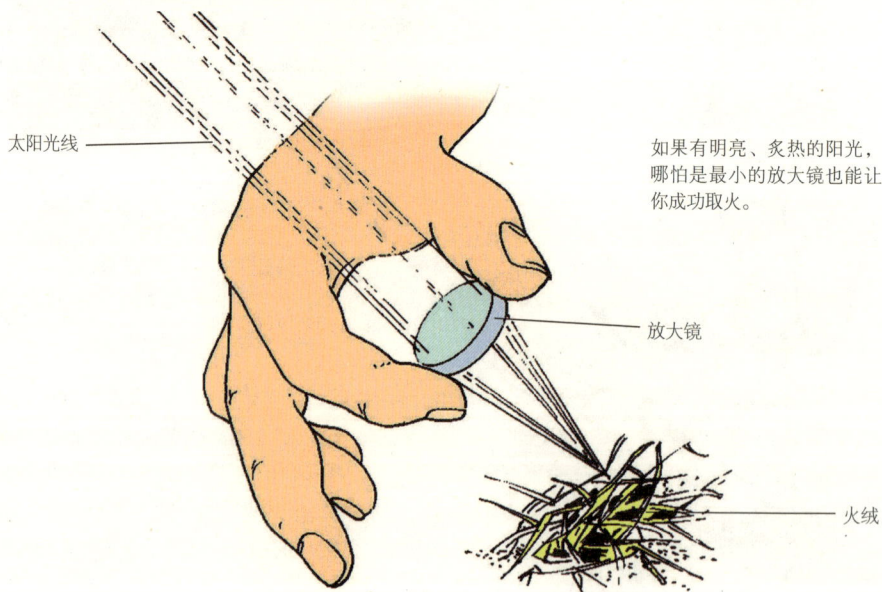

太阳光线

如果有明亮、炙热的阳光，哪怕是最小的放大镜也能让你成功取火。

放大镜

火绒

制作一个火犁

千万不要在野外挨冻！只要几块木头，再加一些干草，你就可以生火取暖。

用火犁取火已有数千年的历史。这种方法与前面介绍的钻木取火的方法类似，但这次的"火炉"有一条沿着其长度延伸的沟槽。和钻木取火一样，先砍下一根木棍，上次是用它做"钻头"，而这次则用它做"犁"。将犁的一端弄平，确保其直径与火炉的沟槽的宽度相同（与钻木取火一样，应选择软木来做火炉，选择硬木来做犁）。火犁的工作原理非常简单。你先在火炉的一端放上一些火绒，然后坐在火炉另一端。再将犁放入火炉的沟槽后方，并开始快速地来回摩擦。现在，你可能不得不忙上一会儿了——这很有可能会让你累得大汗淋漓。最终随着热量的增加，沟槽内的木头会开始阴燃。而犁的推动则会让火星落在火绒上，火也就被成功点燃了。

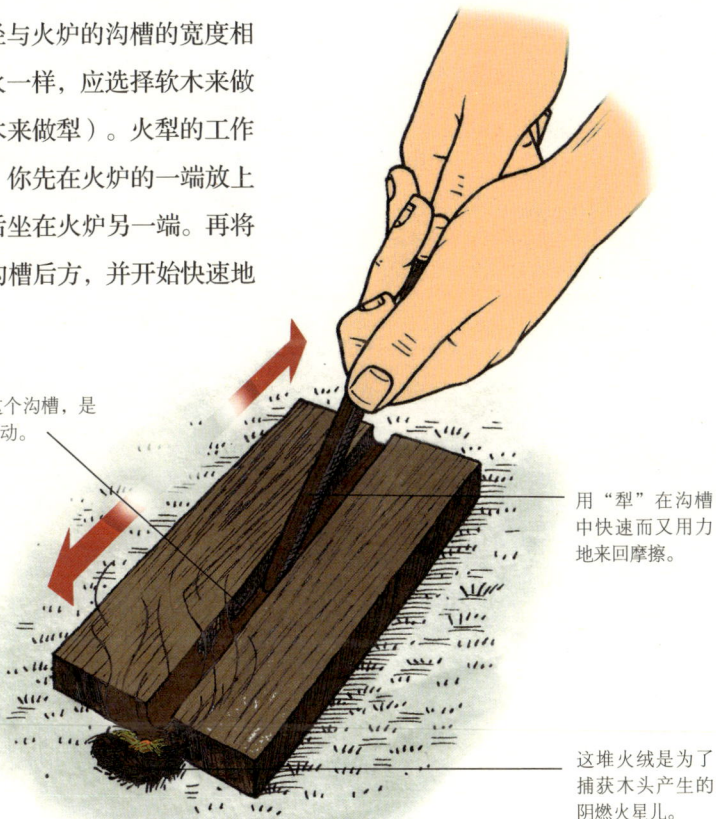

"火炉"上开出的这个沟槽，是为了火犁能够前后运动。

用"犁"在沟槽中快速而又用力地来回摩擦。

这堆火绒是为了捕获木头产生的阴燃火星儿。

第五章

工具

制作一把简易的刀具

无论是砍木头、剥兔皮，还是抵御野兽的攻击，你都需要有一把好刀——下面就教你如何制作这一有用的工具。

刀是野外生存时必不可少的工具。它可以用来做各种事情，从砍柴到准备食物。不过，当人们真正遇到紧急情况时，却只有很少的人带着刀。在这种情况下，你可以通过天然材料和其他一些零碎物品来制作一把可用于生存的简易刀具。它肯定不会像专业刀具那么完美，但它能帮助你完成一些基本的工作。警告：如果制作方法不正确，这种简易刀具是很危险的。当你使用这种简易刀具时，一定要始终向外切削。

在一根短短的、裂开的木棍中间夹上一片玻璃或金属（罐头盖就是很好的材料），就能做成一把简易且极其锋利的临时刀具。木棍上的裂缝的长度最多只能到木棍总长度的一半左右——用一块尖锐的石块在木棍的一端小心敲打，就可以得到合适的"刀把"。在将"刀片"插入裂缝后，用一些绳索紧密缠绕木棍，以使"刀片"固定不动。此外，通过对石块或石板的加工也可以获得"刀片"。有些天然形成的石块已经很锋利了，你

可以用另一块石头在其边缘进行敲击，敲掉薄薄的一层，使之更加锋利。敲下来的薄石片也不要扔掉——它们可以用来制作很棒的箭头。

通过切削木棍获得的一把木刀。

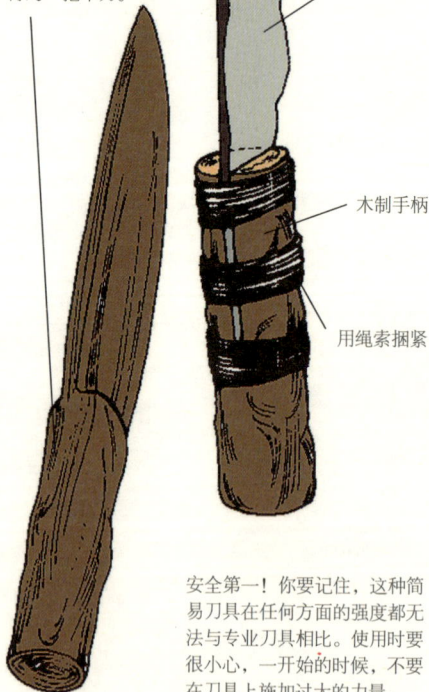

一片玻璃或者一片金属

木制手柄

用绳索捆紧

安全第一！你要记住，这种简易刀具在任何方面的强度都无法与专业刀具相比。使用时要很小心，一开始的时候，不要在刀具上施加过大的力量。

制作一把骨锯

为了能在野外生存，你必须运用你的想象力。例如，一块骨头甚至可以变成一把有用的锯子。

锯子是一种很有用的求生工具，它可以用来切割木块或骨头——你应该在你的救生罐或救生包里装上一把专业的钢丝锯。如果你没有专业的锯子，还可以试着用骨头做一把锯子。如果你注意观察，动物的骨头是比较容易找到的材料。制作骨锯，最好的骨头是大型动物（如鹿、熊、麋鹿或牛）的肩胛骨。仔细检查骨头上是否有裂缝——如果发现上面有裂缝，就不要再使用这块骨头，因为其强度已经不适合做成锯子了。现在，用一块重些的大石头，将这块骨头从中间砸为两段。然后，沿着骨头断裂处加工出一个锋利的边缘，这里将比骨头的其他地方更薄，更锋利。用你的刀子在骨头断裂的边缘切割出"锯齿"，一把相当锋利的锯子就做好了——它特别适合用来割肉。记住，锯齿要定期修整。另外，锯齿不宜加工得过大，否则，你的锯子将很难锯动任何东西。

绝境求生真实档案 ⚠

东非的马赛部落里的人都是些"终极幸存者"。他们身处阳光炙热、水源缺乏以及动物凶猛的环境中，运用流传了几千年的生存技能，生活并繁衍了下来。当一名马赛勇士外出踏上捕猎之旅时，他会尽量让自己"轻装上阵"。这样，他就不会在非洲的烈日下被累垮。通常，他只携带捕猎用的长矛以及一把砍刀（可用来穿过灌木丛和准备食物）。可是，在获取食物上，他常常会使用一些熟练的野外技巧。他会剥下山羊胃的内层，再用肉和脂肪填进去。然后，他把这个"袋子"卷起来，用自制的木钉将其固定。这样，食物就储存于一个密封的容器中了。

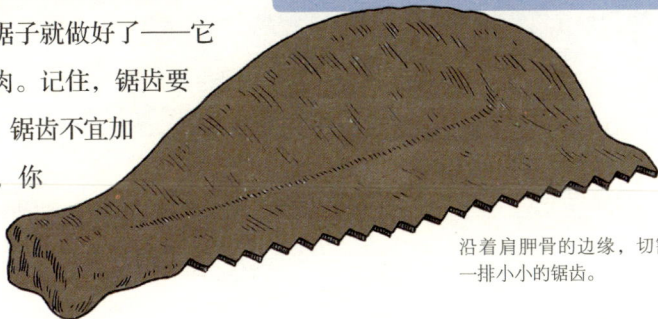

沿着肩胛骨的边缘，切割出一排小小的锯齿。

制作露营工具

想要在野外生存下来，就应该把大自然当作你的"朋友"，而不是"敌人"。看看，只用木头、泥巴、骨头和青草，你能做出些什么。

要制作一些真正有用的露营工具和装备，你只需要一把小刀、一些技巧和一点创造性思维即可。例如，数个世纪以来，动物的骨头都可以被用作工具。肋骨可以做成针，大型动物的腿骨被削尖后可以作为长矛或者挖掘工具，而锐利的牙齿则可以用来固定木板或作为切割工具。

为了烹煮食物或者把衣物放在篝火旁烘干，一个锅架就显得非常重要了。制作锅架时，先砍两根一端有分叉的树枝，将其中一根树枝未分叉的一端笔直地插进地里，使其固定。然后，拿起另一根树枝，在距第一根树枝不远处将其插入地里，并用石块敲击树枝，使其固定。现在，把一根木棍架在两根树枝的分叉上。做好这个简单的设施之后，你就可以在上面挂锅子、挂食物（或者风干食物），以及挂衣服了。

你还可以使用天然的黏土制作储物罐。如果你找到了黏性很强的泥土，可以把这些黏土分解成小块，让它风干，然后拣出其中的杂质——例如小石块等。然后用水打湿黏土，将其反复揉搓，直到这些黏土能任意捏成罐子状而不破裂为止。最后，把这些泥罐放在篝火旁，或者放入篝火中，让它变干——这样就得到了一个简单的储物罐。如果你要把这个罐子放入火中烧制，使它更加坚硬，为了防止开裂，你应该在黏土中添加一些沙子或是磨成粉的砂岩。

一根简单的木棒就可以制作出一整套的求生工具。仅仅是削其一端，你就可以得到一件挖掘工具（将一端削平）或者一把长矛（将一头削尖）。在两棵树之间挂上一根长木棒，作为临时衣架，可以用来晾晒衣物。甚至，你还可以用烧过的树枝在岩石上留下信息，向救援人员标示你所去的方向。

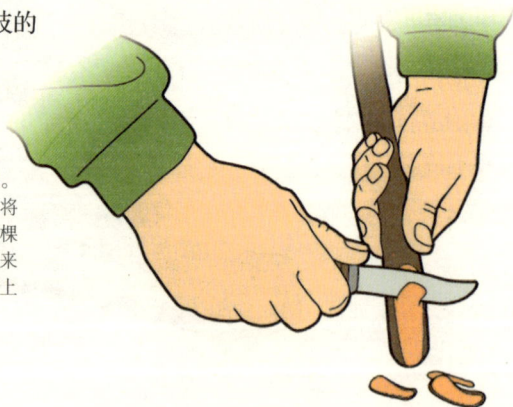

用树皮制作一个容器

你收集了很多浆果和坚果以便食用，但你知道如何储存它们吗？试试你的野外生存技能，用树皮做一个很实用的容器吧！

把一块桦树皮切成正方形（A），然后把它浸泡在水中，使这块树皮变得柔韧。完成这一步后，将这块树皮的边缘向上折叠到5—8厘米高。然后，将其四角向内折叠，再用树脂黏合（B）——你可以在松树或桦树的树干上找到这种黏合剂。你还可以将这种树脂涂抹在制作完成的容器上，使它具备防水功能（C）。等这个容器的四角略

干后，找一些短树枝，并把它们纵向劈开（裂缝的长度只有整个树枝长度的一半）。然后，让这些树枝发挥夹子的作用（D）。等这个容器彻底干透后，移去夹子。运用想象力，再加上一些练习，你可以用树皮做出形状不一的容器。可是，在练习中，请使用已经倒下的树木的树皮，因为从活着的大树上割下树皮，会让它们严重受伤。

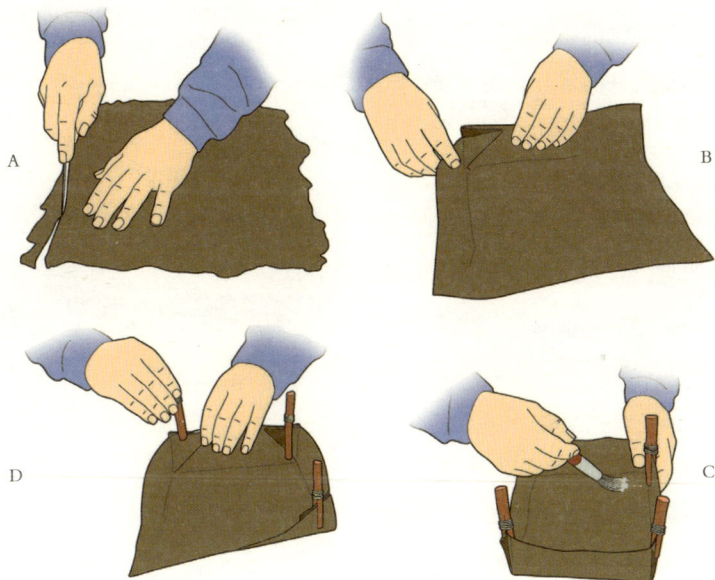

用野外生存的术语说，我们制作的是"绳索"，而不是"绳子"。但无论怎么称呼它，从搭建棚屋到制作弓箭，它都是非常重要的工具。

一根简单的绳索可以用坚韧灵活的植物茎干或草编织而成，尽管这样的绳索并不是最牢固的。树皮也是很好的制作绳索的材料，尤其是柳树或菩提树的树皮。切下一块长条形的树皮（A），并将这块树皮切割成细条状（B），让它们自然晾干。当你需要使用它们时，就把它们浸泡到水中，使其变得柔软（C），然后就可以把它们编成绳索了（D）。还有一个类似的方法可以制作绳索，即使用动物的肌腱（肌腱是动物身体组织内最强韧的部分，用于连接肌肉和骨头）。如果一头动物刚刚死亡没多久，你可以切割出它腿里的肌腱，并将其吹干。接下来，用石头反复捶打这些干燥的肌腱，直到出现纤维。然后用水浸泡肌腱，再编织成绳索。此外，动物的皮也是制作绳索的良好材料。你可以将它吹干后，切成细条，再编成绳索。最重要的是，无论你用什么材料做的绳索，都千万别试图用它去攀爬——它在强度上绝对无法与专业绳索相比。

绝境求生真实档案 ⚠

如果你发现自己身处绝境，一定要仔细想清楚，你手上有哪些可用的材料，以及你如何才能把它们变成求生工具。有一个名叫潘林的中国人就是这样做的。二战期间，潘林所在的船只被德军潜艇击沉，他在大西洋上漂流了 130 天，他所在的救生筏上几乎没有什么求生工具。但潘林是个很聪明的水手，他把手电筒里的弹簧取出来，做成了一副鱼钩。另外，他还用自己的牙齿将救生筏上的钉子拔出，以制作更大的鱼钩。他把绳索拆散后充当渔线。每次他钓到鱼，都会用"刀子"将鱼分割，而"刀子"是他用罐头盖制作而成的。另外，他还用自己的救生衣接雨水。尽管几乎被饿死，但最终潘林还是被一艘船救了起来。

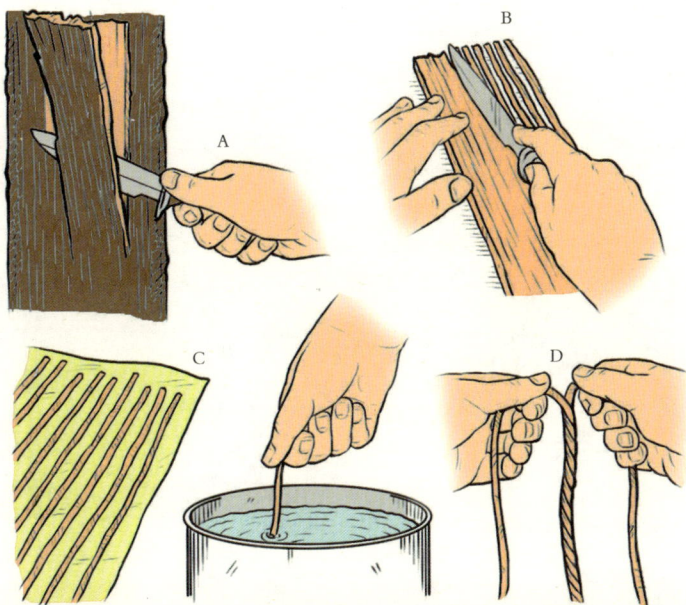

TIP 34　打绳结

你可能不会相信，打绳结是一个很重要的野外求生技巧。如果你想试着制作一个木筏或棚屋，你就会改变自己的想法。

我敢打赌，你肯定会打一些简单的绳结，但这种绳结却不一定是有用的救生结。在各种各样的绳结中，最好的是那种既容易打，又非常牢靠的绳结。不仅如此，在必要的时候，它们还应该能很容易地解开。绳结最重要的功能之一就是将两根绳索扎在一起，这一点对野外求生而言非常重要，因为你自制的绳索通常都比较短。

这里展示两种基本的打结方法。第一种是平结，这种结可以将两根绳索连在一起，但只能用于一般用途——切勿用此结来承载过重的负荷。另一种更为牢固的绳结是从平结演变而来的，它被称为"单编结"。你可以反复练习这两种打绳结的方法，直到烂熟于心。这样，哪怕在黑暗中，你也可以充满信心地打出这样的绳结来。

试着打一个平结。

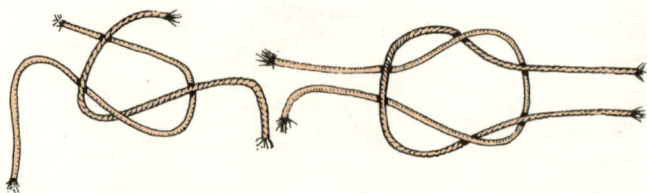

试着打一个单编结。

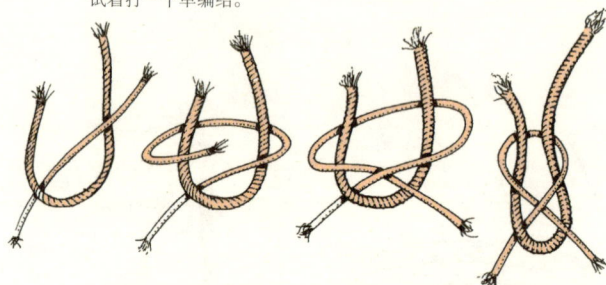

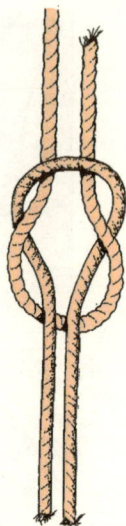

平结

打一个"捆扎结"

当你坐在木筏上在湍流中航行时，木筏突然散了。问题可能出在你没有正确使用"捆扎结"上……

尽管绳结非常有用，但你还是应该了解"捆扎结"，以便充分利用绳索。捆扎结可将两个或两个以上的物体绑在一起，特别是像木桩这种物体。一个出色的棚屋，或是一个平台，或是一个木筏，所有这些都必须要把木桩牢牢地捆扎在一起。而捆扎结，就是不可或缺的"捆扎"方法。

下面的图片展示了打捆扎结的两种方法——一种是将两根平行的木棍捆扎在一起，另一种是将两根交叉的木棍绑在一起。想想看，在搭建棚屋时，我们应该如何运用这些方法。第一种方法可以用于搭建床台，它能够将那些树枝牢固地捆扎在一起。第二种方法可以用在搭建 A 形棚屋或披屋的横撑上。无论何时，在你使用绳索或绳结前，你都要记得检查这些绳索是否完好，而且不要让绳索摩擦到任何物体的锋利边缘。当你不使用这些绳索时，要保护好

它们——保持绳索干燥，并将它们松散
地盘绕起来。

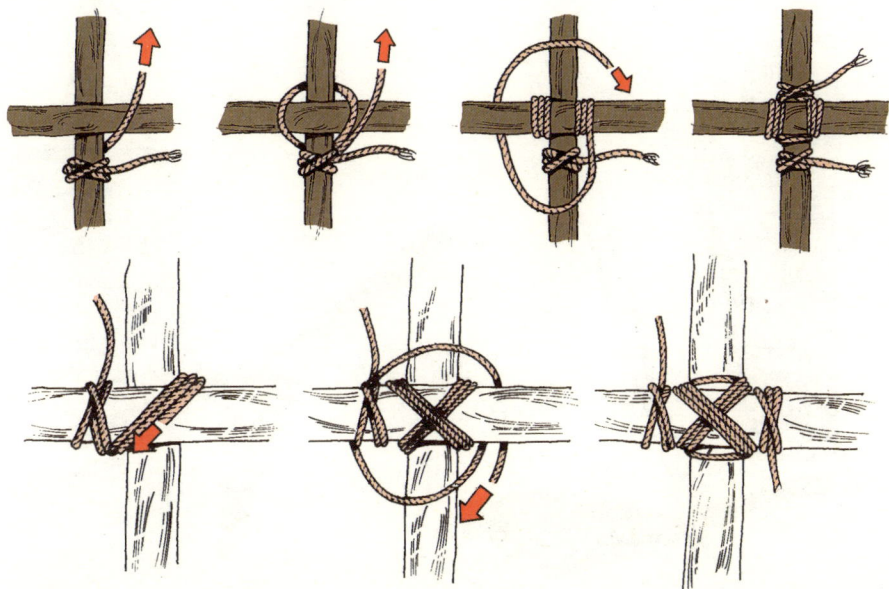

TIP 36　制作烹饪和用餐工具

尽管你身处荒郊野外，正在努力求生，但这并不意味着你必须要像野兽那样
吃东西。

几样简单的烹饪用具不仅能让你的露营地更有家的感觉，还能改善卫生条件。例如，小树枝可以变成叉子或汤匙，如果你用刀对其进行切削的话。当你进行这种切削工作时，一定要沿着木头纹理的方向切削——这将使你做出来的用具更加坚固，更加防水。适合于切削的木材包括梧桐、白蜡树（俗称水曲柳）以及紫杉。制作一把勺子，应先砍下一段树枝（这段树枝上还应该有一段分叉）。树枝的分叉可以雕刻成勺子的手柄，而勺子的凹陷处可以顺理成章地利用树枝厚厚的主干制成。你还可以利用树瘤做成杯子。这种很大的树瘤长在

树干上，将它割下并掏空之后，你就得到了一个杯子。将两根 Y 形的树枝放在篝火两侧，中间架上一根穿过篝火的长树枝，一个烤肉架就做好了。

找一个旧铁罐，小心地在其边缘钻三个小洞，然后用绳子穿过去。这样你就得到了一个简易的烧开水的锅，你可以用绳子把它挂在火上。

图中的勺子和叉子都是用一根树干雕刻出来的。你可以看见，木材的自然形状对制作这把勺子起到的作用。

把一个金属平底锅绑在一根树枝的分叉处，一把简易的长柄锅便做好了，你可以用它来烹制肉或鱼。不过，请确定分叉的树枝是"绿色"和潮湿的。不然的话，在伸入火中时它可能会燃起来。

第六章

打猎和钓鱼

制作一把矛

矛，是一种古老的武器。拥有一把矛，并用力地投掷，你可以杀死从鱼到鹿等动物。

矛有两种基本的类型——刺矛和飞矛，二者之间的主要区别在于长度。刺矛的长度约为1.8米，而飞矛的长度约为0.9米。在飞矛的尾端装上羽毛之后，它可以飞行得更加平稳。

要制作一把简易的刺矛，先要砍一根长而直的树枝，然后再削出一个尖锐的矛头。制作矛头最简单的方法就是用刀子削尖树枝，然后用火烘烤矛头，使其更加坚硬。另外，你还可以用削尖的

骨头、金属片或者玻璃等材料来制作更加"高级"的矛头，只需把它们捆扎在树枝的一端即可。要做一把飞矛，则要在树枝的尾端切开一个十字形的裂口并插入羽毛或树叶，以使飞矛能够飞得更稳。投掷飞矛的方法需要经过练习才能掌握。你的眼睛要始终盯着目标，你身体的重心要随着投掷的方向而转移。此外，你还可以制作一个掷矛器，以增加飞矛的威力和射程。

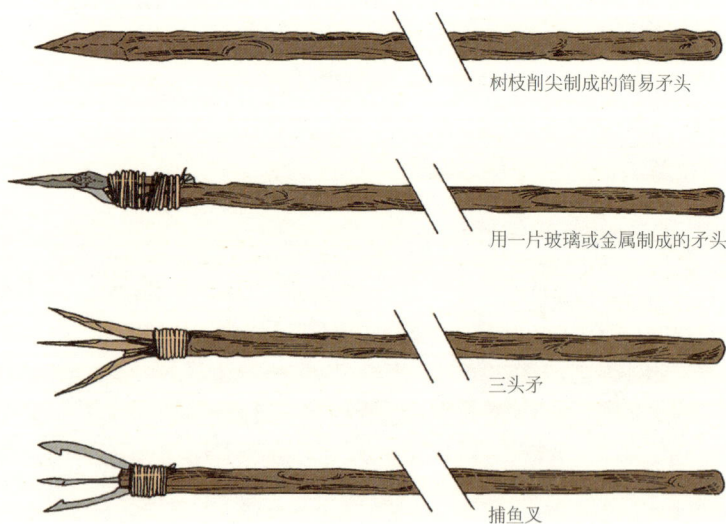

树枝削尖制成的简易矛头

用一片玻璃或金属制成的矛头

三头矛

捕鱼叉

掷矛器

当你投掷矛时，使用掷矛器是增加矛的威力和射程的办法之一。将一根矛放置在掷矛器上，然后使出全身的力量猛地一掷。通过反复练习，你可以将矛投掷到超过50米远的地方。

TIP 38　制作弓和箭

一头鹿在森林的空地上停了下来——它似乎听见了什么动静。现在，正是你使用弓箭进行捕猎的好机会。

弓，是一种很难制作的武器。然而，即便是一张简易的弓，它也能为你的捕猎行动带来极大的便利。要把一根柔韧的硬木弯成弓的形状——紫杉木是最佳选择。砍下一根 1.2 米长的树枝，然后用刀把它削成一把弓的形状。请确保这张弓的顶端和末端的粗细相同，而中间部分则应该稍粗一些，这样你就可以很舒服地握住它。在这张弓两端的 1.25 厘米处，用刀子各切一道凹痕，然后在这两个凹痕上扎一根结实的绳子。要想轻松完成这一步，一定记得先把弓弯曲。接下来，还要使用较直的树枝来制作箭（树枝的长度约为 60 厘米，直径约为 6 毫米）。用刀子削掉树枝上的突起，再装上箭头 [制作方法与制作矛头的方法相同（参见"TIP 37"）]。然后在箭的另一端装上两到三片羽毛或树叶，并牢牢扎紧。另外，还要在箭尾切一个小缺口，以便搭上弓弦。现在，你的弓箭已经可以使用了。练习时，先选择靠近些的靶子进行练习，再逐渐增加距离。眼睛盯着目标，而不是你的箭，然后平稳地放开弓弦（拉弓时，食指要放在箭的上方，而中指和无名指则要放在箭的下方）。

金属制箭头

石制箭头

骨制箭头

烧过的木制箭头

挑选一根坚硬而又柔韧的木棍，大约1.2米长。别担心它太短，如果你做了一把很长的弓，操作起来会很困难。

这张弓越是靠近中间的部位越粗。

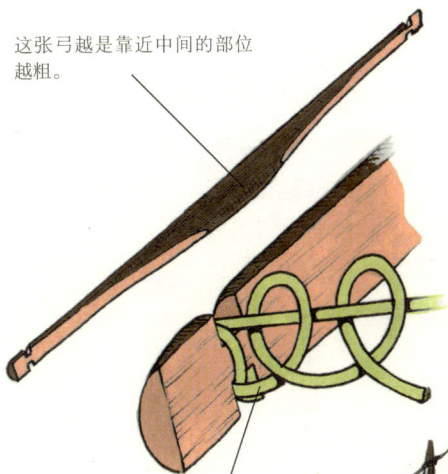

弓的两端都开有凹槽，以方便安装弓弦。

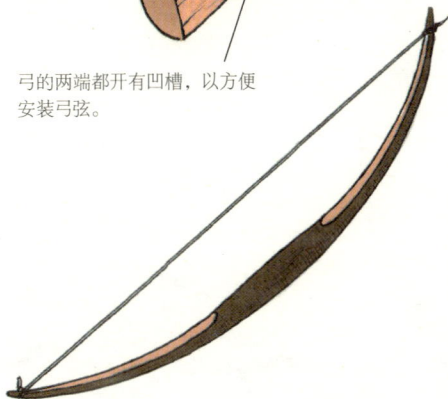

一张已经做好的弓，应该能让你感觉到它的"弹性"和威力。

TIP 39　制作一个投石索

投石索是一种简单却威力强大的武器——还记得大卫和歌利亚的故事吗？大卫只用投石索便杀死了高大的歌利亚。

要制作一个投石索，你需要一段绳索，或者是一根又厚又粗的皮带（大约1.3米长，再长些也可以）。你还需要一段更宽些的皮带做皮兜，把它穿入皮带，并将其滑至中间位置（参见下图）。这实际上就是让你做一把弹弓。投掷时，找一块光滑的石块，将其放在皮兜内。然后，用一只手（你投掷的手）握住皮带的两端，开始旋转投石索，让它一圈接一圈地在你头顶上转动，并确保石块牢牢地留在皮兜内。双眼紧紧地盯着目标，当投石索呼呼作响，越转越快之后，待投石索朝向目标之际，松开皮带的一端，石块便会高速飞出。投石索的操作技巧需要经过反复的练习才能掌握，所以你在充分掌握这一技巧前请确保四周没有人。

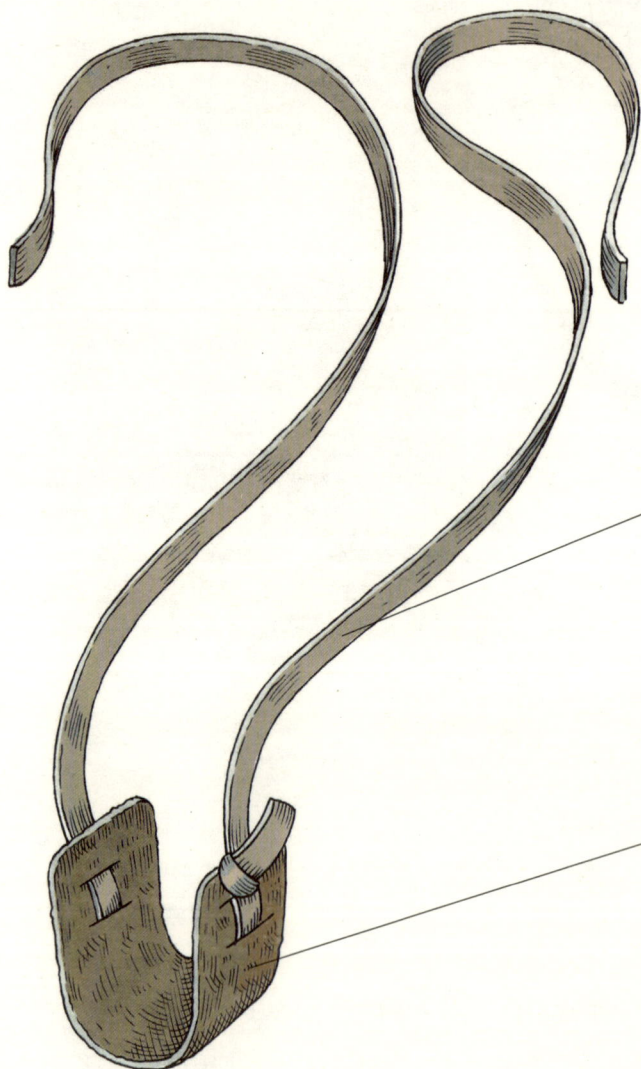

皮带或绳索必须非常坚固，而且上面不能有裂纹。当它在你头顶上呼啸着转动时，你肯定不想它突然断裂。

请确定将皮兜调整至皮带的中央位置，否则投石器的准确度会大打折扣。

制作一把弹弓

弹弓玩起来很有趣。而且，当你因饥饿而需要捕捉食物时，它也是一件非常重要的武器。

与投石索相比，弹弓比较容易使用，而且大多数男孩子都有使用弹弓的经验。要想在野外求生中使用弹弓，最难的是找到合适的制作材料。弹弓的基本结构是由一根 Y 形木头构成的，这根木头可以从一根分叉的树枝上得到。切下一段分叉的树枝（顶端的分叉必须参照下面的手柄对称），并确保手柄足够长、足够粗，这样握起来才会很舒服。现在，你需要一根具有足够弹性的绳子，最佳材料就是外科手术用的橡胶管（你可以从大型家庭维修工具商店里买到），或者是轮胎的橡胶皮。虽然衣服上的松紧带是比较容易得到的材料，但松紧带的弹力不够。所以，你应该选择你能找到的弹力最好的材料。然后，在绳子中间装上一个皮兜，将绳子的两端分别绑在 Y 形木头的两个分叉的顶端刻有凹槽的地方。在弹弓拉开后保持不动，然后将 Y 形树枝的分叉点作为瞄准器，才能准确命中目标。

将一根粗粗的Y形树枝削成一把弹弓。不要留太长的手柄，否则你的弹弓会很不顺手。将手柄握在手中时，其长度应该比你的手掌略长3—5厘米。

制作一个流星锤

流星锤是历史上最古老的狩猎武器之一，它被用来对付奔跑的野兽，甚至是空中的飞鸟。

因为流星锤是一种能够致命的危险的武器，所以你一定要在成年人的监督下使用。制作流星锤的基本材料是五到六根绳索（每根绳索长一米，你需要先把这些绳索的一端紧紧地捆在一起）。此外，你还需要同样数量的重物——比如巴掌大的、光滑的石头。然后，把石块分别放入小布袋中，用每根绳子的另一端牢牢扎紧一个布袋。如果你手头没有制作小布袋的材料，也可以直接把石块绑在绳子上——一定要多捆绑几次，以使其足够牢固。现在，你的流星锤就制作完毕了。使用流星锤时，你要握住绳结，把流星锤置于头顶快速转动，然后在对准目标时松手。流星锤会在空中飞行的过程中展开，如果它命中了目标，猎物要么会被打死，要么会被打晕，而其四肢也会被流星锤上面的绳索缠住。

制作一把鱼叉

夏天，鱼在水中游得比较慢，它们并不知道你正拿着鱼叉，在岸上等着它们。

经过反复练习，用鱼叉捕捉较大的鱼类其实是个很不错的办法。和制作捕猎用的长矛一样，你需要一根又长又直的树枝，并用刀把它打磨光滑。这根树枝的长度应该超过你的身高。鱼叉的尖头非常重要。与捕猎的长矛只有一个矛头所不同的是，鱼叉要多配几个细细的尖头——这将比单独一个尖头更容易捕到鱼。可以用一些又长又尖的刺，或者用树枝切削而成的锐利的针形物来制作鱼叉的尖头。在长矛的顶端切出一些小缺口，然后将这些针刺安装上去（A），并把这些针刺牢牢地固定在上面（B）。然后，用一些小木条垫在这些针刺下面，使针刺张开——这是一个很好的办法，可有效提高你的命中率。使用鱼叉时，请安安静静地站在清澈的浅水中，让你的身影投射到岸上而不是水中。当你看见鱼游到附近，进入你的投掷范围内后，立即将鱼叉直直地插入水中，刺穿鱼体，然后将鱼甩上岸。现在可以用餐了！

绝境求生真实档案 ⚠

如果你发现自己身处野外，你知道哪些东西是能吃的吗？答案相当惊人。想想瑞奇·梅吉的故事。2006 年，瑞奇的汽车抛锚后，他在澳洲内陆"迷失"了 10 个星期。对在野外生存而言，澳大利亚的内陆是个非常糟糕的地方，这里不仅贫瘠荒凉，还充斥着种种危险的生物。虽然食物短缺，但瑞奇从意想不到的地方找到了足够的食物。他生吃从水池里捞到的水蛭，而蚂蚱也在他的菜单上（也是生吃）。只有刚刚从水池里逮住的青蛙他不会生吃，他会用金属线把它们穿起来，放在阳光下晒干后再吃。尽管瑞奇在获救时已经骨瘦如柴，但他所做的一切让自己保住了性命。

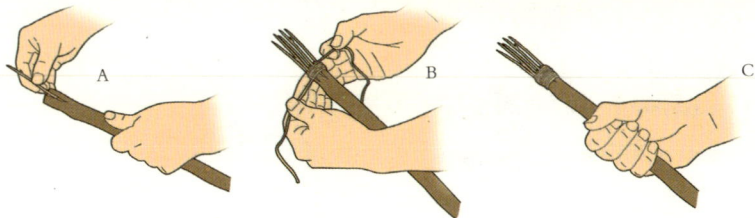

追踪野生动物

一根断裂的树枝以及一串小小的足印将为你提供你所需要的信息——你的猎物刚刚从这里走过。

追踪野生动物，你需要投入全部的注意力。第一步，你要识别动物存在的迹象。最佳的迹象之一是动物留在泥土、灰尘或者柔软地面上的足印——下面有一些常见的动物足印的图片。但足印并非是附近存在动物的唯一线索。你还要注意看看留在地上的动物粪便，特别是新鲜的粪便（不新鲜的粪便干燥易碎），另外还要注意四周的植物是否有被破坏的痕迹，是否有动物穿过或者啃咬的迹象。例如，松鼠常常会剥树干上的树皮，还有一些动物也会抓挠树干。

此外，锋利的树枝上也许会挂着一些动物的绒毛，而一堆骨头或者坚果壳则表明一只动物可能刚刚饱餐了一顿。更棒的是，也许你能找到一个动物的巢穴，外面堆砌着新鲜的泥土，分布着新鲜的粪便和足迹——这就意味着有一只动物会返回这里。一旦你找到了一个动物出没的痕迹，你应该试着在附近寻找第二个、第三个痕迹。等你发现了三处痕迹之后，通常就可以判明动物前进的方向了——特别是如果这些迹象都沿着一条规则的轨迹分布的话。

行进中的动物常常会留下像这样的对角线足迹。

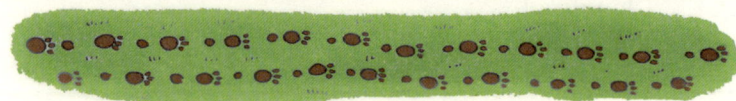

较小的动物，其足印之间的距离更短。

一只动物在奔跑时，其脚印之间的距离会加大。

识别动物的足印

你已经发现了一些动物的足迹。现在，你需要判断出它们到底是何种动物以及它们的去向。

想要从足印上判断出动物的种类，其实并不太容易。特别是，这些足迹会随着时间的流逝而逐渐模糊。一般的规律是，足迹越是清晰，就越表明它是最近才留下的。陈旧的足迹，其边缘部分变得易碎，而且里面还填满了树枝、树叶以及泥土。无论何时，当你试图分辨一个足印时，都要留意以下特征：

①肉垫或脚趾的数量，以及指甲或爪子的数量——但要记住，有些动物在行走时并不会使用它们的指甲或爪子。

②足印的长度，以及足印与足印之间的距离——一般说来，足印之间的间隔越大，动物的体型越大。

③留在地面上的足印的形态——当动物开始奔跑时，足印之间的间隔将变得越来越大。用你的手指尖稍稍勾勒清楚动物足迹的外形，这将使你脑海中的轮廓更为清晰。一旦你掌握了尽可能多的信息后，把它与下面的图片做比较，或者与其他野外指南的相关内容进行对比。

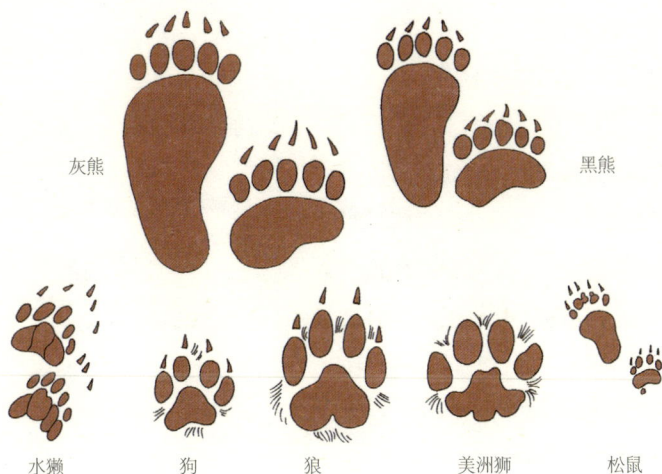

灰熊   黑熊

水獭   狗   狼   美洲狮   松鼠

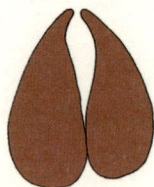

野兔	鹿	麋鹿	鹅	鸭子

TIP 45　追踪野生动物

当捕猎一只高度敏感的野生动物时，你必须运用一切聪明才智，并耐心地等待它进入你的狩猎范围内。

追踪动物并不容易——动物的感官远比我们的感官更敏锐，哪怕是最微小的动作或声音都会惊动这些动物。追踪动物的第一个原则是让自己处在它们的下风处。这就意味着，风将把你的气味吹离，而不是吹向动物。有些动物，例如鹿，它们能在数千米以外闻到你的气息。要非常、非常缓慢地靠近动物，并把自己隐藏在灌木丛、矮树林或者土丘后面。如果需要的话，可以选择通过爬行的方式靠近动物。注意，别走在或跪在树枝和其他容易断裂的物体上，以免惊动动物。如果动物突然间似乎觉察到了你的存在，无论你在哪儿，都应该立即静止不动。动物通常是通过物体的移动，而不是通过颜色来感知物体的，所以你应该立即停止移动，直到动物继续进食或做出其他举动为止。你

的目的是尽量靠近动物，以便能用狩猎武器对其进行捕杀。

绝境求生真实档案 ⚠️

印第安的奴卡克人生活在南美洲亚马孙热带雨林的偏远地区，他们至今仍在使用已经流传了数千年的传统狩猎方式。奴卡克人的主要食物之一是猴子，他们会用吹箭筒猎杀树上的猴子。吹箭筒是用空心的木头或芦苇秆制成的，有数十厘米长。飞出吹箭筒的"箭"是用长刺制成，且用从植物或爬行动物体内提炼出的毒药浸泡过。这种毒药的威力足以杀死一只成年的猴子。狩猎时，奴卡克猎手们会充分利用自己的听力和视力——他们会聆听猴子们穿越树丛时发出的沙沙声，然后瞄准发出声音的地方吹出毒箭。

平趴在地上是一种很隐蔽的方式，但这会让你的前进速度非常缓慢。

猫着腰靠近动物，行动起来确实很快，但很容易让动物发现你。

爬行不仅有利于隐蔽自己，还能让自己较平稳地移动。

TIP 46　设置枯木陷阱

利用枯木陷阱来捕杀猎物很简单，就是让一块重物砸在野兽身上，依靠下压的力量杀死它们。

设置一个枯木陷阱，根据你的设想，可以很简单，也可以很复杂。不过，所有简单的枯木陷阱都要在地上摆放食物做诱饵，再把一根沉重的圆木或大石块绑在一根长长的绳子上，然后将绳子抛过头顶的树枝，把圆木或石块拉到空中并吊在诱饵的上方。这时，你应该稍稍远离这个陷阱，隐蔽起来注意观察，并用手紧紧握住绳索的末端。当有动物爬到诱饵处时，你就把绳子松开。但是，这样的陷阱意味着，你必须一直坐在那里等很久，也许还会觉得又冷又无聊。按照下面展示的方法制作的枯木陷阱，可以让你不必守着陷阱。你要先制作"支柱"和"触发装置"，然后把枯木放在支柱上。记住，在制作枯木陷阱时，你千万不要站在陷阱的下方。否则，你很可能会成为它的第一个牺牲品。

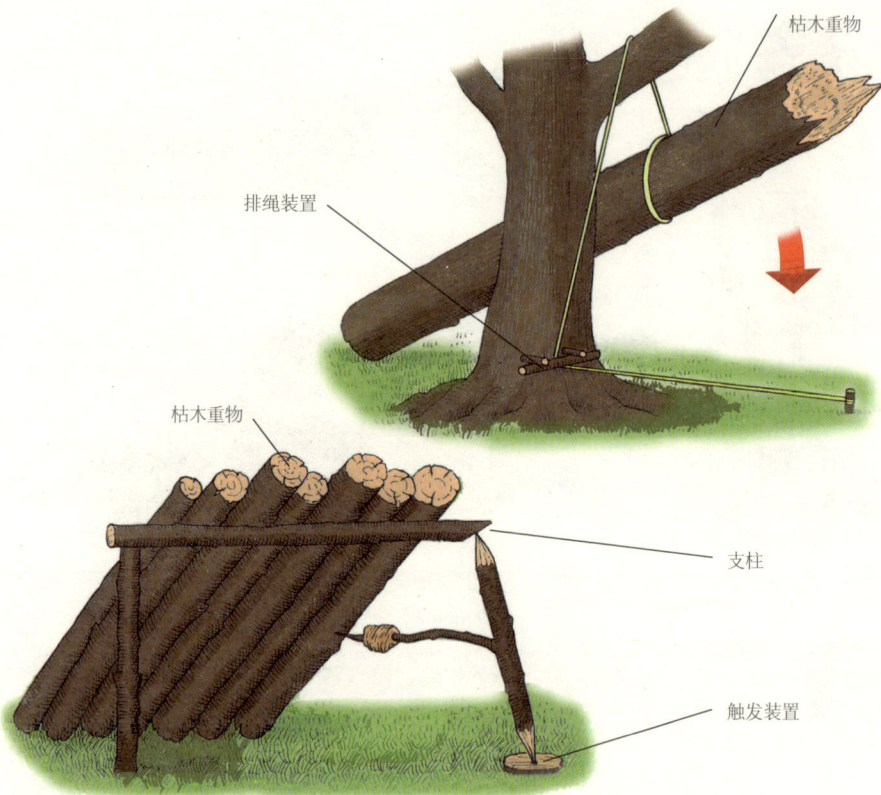

枯木重物

排绳装置

枯木重物

支柱

触发装置

鱼笼

制作鱼笼虽然很费精力，但这却是快速捕捉大量鱼类的好办法。

首先，你必须用很多细而柔韧的树枝编织成一个鱼笼——这个笼子一头宽一头窄。制作鱼笼的树枝必须被非常紧密地编在一起，并用绳子把它们隔成网状。鱼笼的入口处要窄，且呈漏斗状。整个鱼笼可以用一张薄网覆盖住，以免游入其中的鱼逃脱。鱼笼的工作原理是：当鱼游进了这个漏斗的狭窄入口后，就会被困在鱼笼内部，无法从它们进来的地方逃脱。你应该把鱼笼面对着湍急的水流方向，放在河流或小溪的狭窄处。用这样的方式摆放鱼笼，就意味着湍急的水流将把鱼冲入笼中。甚至，你还可以在笼子附近堆放石块，这样一来，鱼就不得不游进笼内。如果你这样做了，你就必须每隔几分钟查看一下笼子，看看是否有鱼被捉住了。

鱼陷入了向下的湍流中。

用石块和泥土，引导水流直接进入鱼笼的入口。

TIP 48　制作一个圈套

没有弓或枪？你完全可以只用一个细金属线做成的圈套去捕猎。

在很多国家，设圈套捕猎是非法的，或是受到严格控制的。用圈套捕猎时，请确保有成年人在一旁监督。另外，如果你在自家的后院设置了圈套，请一定要小心——你肯定不想伤害或杀死自家的宠物。一个圈套，就是一根在一端有个圆环的细金属线，如图所示。请确定，当有东西在圈套里面拉动或挣扎时，这个圆环能迅速而又紧紧地闭合。根据法律，你也可以从狩猎或户外用品商店里购买带自锁装置的圈套。

使用圈套的重要技巧是：你如何摆放它。应该把它放在动物巢穴的入口附近，或者动物经常走过的小径。然后，用短树枝将圈套稍稍提高，使其离地几厘米，并确保这个圈套在发挥作用时不会卷入任何植物。当动物把头穿过圈套时，圈套将会收缩，并把它的头紧紧套住。动物们并不经常被圈套杀死，而只是被困住。你需要自己去杀死动物，所以定期检查你的陷阱是非常重要的，这样可以让猎物减少不必要的痛苦。

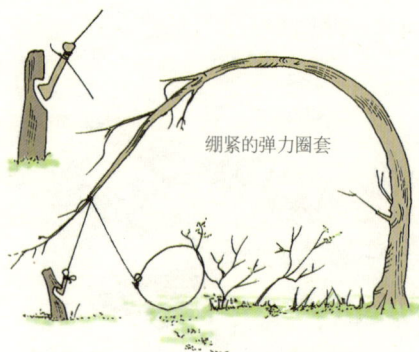

绷紧的弹力圈套

平衡锤圈套

圆环圈套

圆环圈套

加工一只兔子

你已经捕获了你的第一只兔子，并准备把它做成食物。现在，你将面临可怕的一幕。

兔子在世界各地都能找到，所以它们是你野外生存中很好的食物来源（然而，你不能只靠兔子肉生存下去——兔子肉会带给你过多的营养成分，使你难以消化，所以如果只吃兔子肉而没有其他的食物，你离死亡就不远了）。因此，了解如何把一只兔子加工成食物，是非常重要的。首先，用你的拇指使劲挤压兔子的腹部，不断往下挤压。这将使兔子膀胱内的尿液被挤出——你肯定不想吃带有一股尿味的兔子肉。其次，抓起兔子腹部的皮，用一把非常锋利的刀子把它切开，从兔子的胸口一直切到肛门处（A）。从兔子的胃部开始，慢慢剥开它的皮，然后要很小心地用刀切开它的胃壁，并且要避免切到兔子体内的任何器官（B）。等你完成了这一步，兔子的内脏就可以用勺子掏出来，或用手晃出来了。接着，继续剥掉兔子的其他毛皮，一直剥到它的四肢。接下来，把兔子皮掀起，直到完全剥离（C和D）。最后，把兔子的头切掉，将去掉皮的兔子洗净。现在，你可以准备烹饪了。

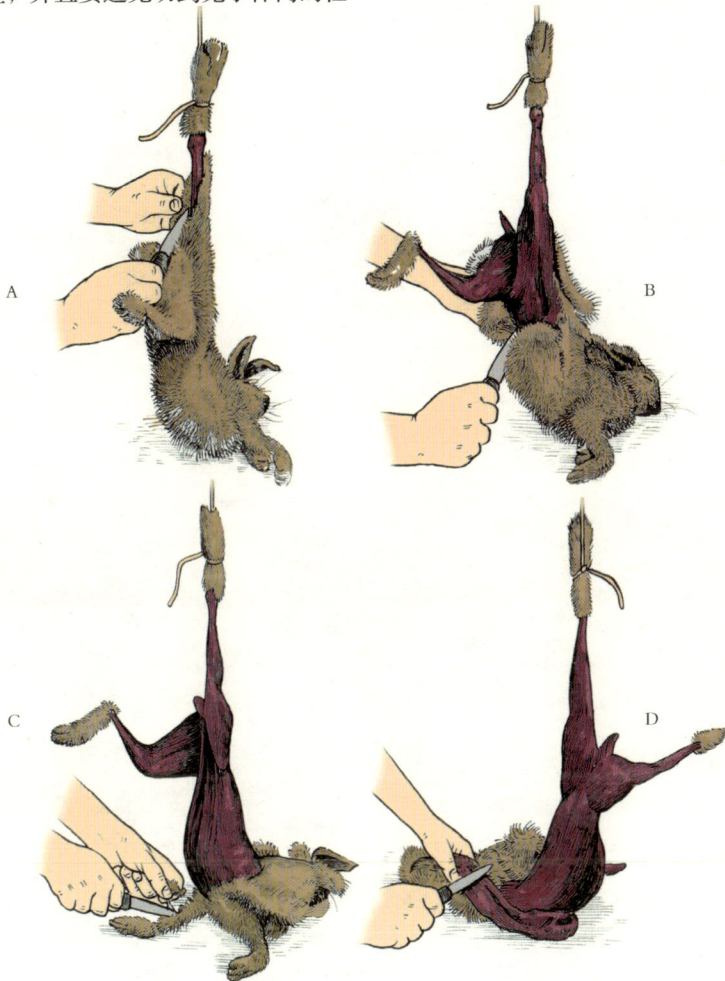

A

B

C

D

加工大型动物

经过一个小时艰苦的狩猎后，你终于射倒了一只鹿。经过仔细加工后，你便获得了足够维持一周的食物。

在给一只大型动物剥皮时，如果你能把它的后腿吊在树上，操作起来会容易得多，但这并非总是能做到的。剥鹿皮与剥兔子皮相同。首先要做的是放血，把动物的喉咙深深地割开，让血流出来。注意接住这些血，它非常有营养。其次，从动物的肛门或生殖器四周开始进行仔细地切割（A）。然后，从切开处伸入两个手指，将腹部皮肤顶起（B），仔细地切开这里的皮，一直向上切到颈部（C），确保不要切到胃部附近的黏膜（D）。接着，将动物翻到一侧，拉出它的内脏（E），再切除它的肛门，锯掉它的头部，把这头动物的四蹄从第一关节处砍掉。现在，你可以慢慢地剥下它的皮——剥下的皮可以用于搭棚屋或做衣服。最后，将动物分割成块，以方便烹饪。分割时，要沿着肌肉的自然线条进行，这样切起来会容易些。

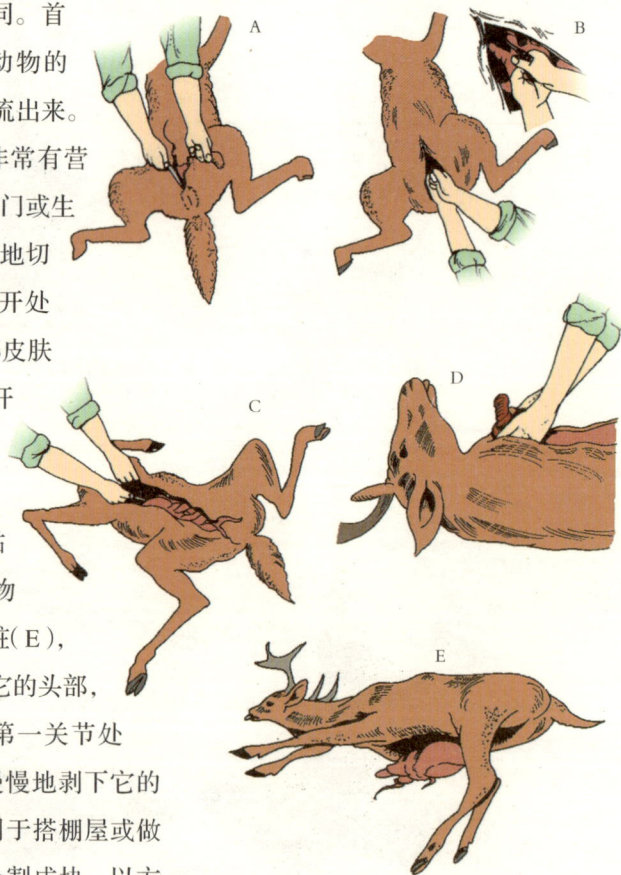

A

B

C

D

E

制作鱼竿和鱼钩

当饥饿开始发挥影响时，钓鱼可能是使你生存下去的最佳方法。

如果你身边有一根专业鱼竿，这就太棒了，但是在必要的时候，你也可以自己制作一根鱼竿。首先，你需要一根木杆——一根长点的树枝就行。尽量选择新鲜一点的嫩树枝，它除了强度足够外，柔韧性也很好。如果你的救生罐里有渔线、坠子和鱼钩，那么，你所需要做的只是把渔线安装到鱼竿的顶端，再装上鱼钩和坠子（安装坠子的目的是让鱼钩悬在水中），并找些诱饵放在鱼钩上（蠕虫、昆虫或蛆）。现在，你就做好了钓鱼的一切准备。如果你没有这些装备，也可用一些细细的绳子充当渔线，用灌木的刺来当鱼钩——下面的图片将告诉你如何制作这一切。纽扣或小石块可以作为坠子，软木塞或者木块切成的片则是很好的浮子。最后一点，明亮的物体（例如羽毛等），是引诱鱼上钩的很好的材料。钓鱼的时候，你要试着找一处阴凉的地方。如果天气寒冷，就要选择有阳光照耀的地方。此外，还要选择水流比较缓慢且你能看清鱼进食时所产生的气泡或涟漪的地方。

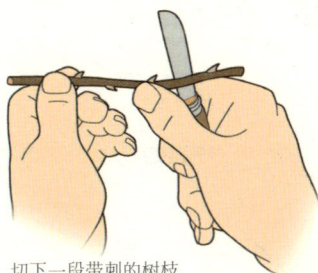

在树枝的一端切一个缺口，另一端就是倒刺。

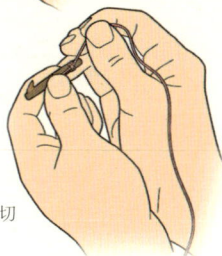

切下一段带刺的树枝，在一端留下一根刺。

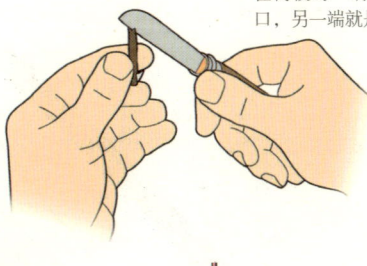

把你的渔线绑在切开的缺口处。

你的鱼钩完成了。现在，你可以去钓鱼了。

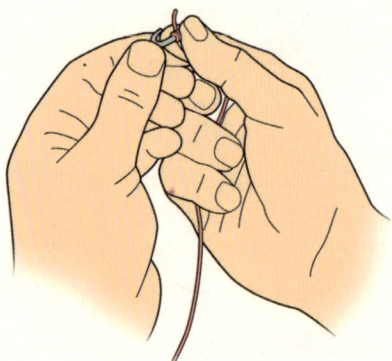

你可以很简单地把一根回形针弯曲成一个鱼钩。

把一根羽毛或者其他色彩鲜亮的物品绑在鱼钩上充当诱惑物。鱼可能会把鱼钩当作食物。

制成的诱惑物。

野外求生用的钓鱼竿

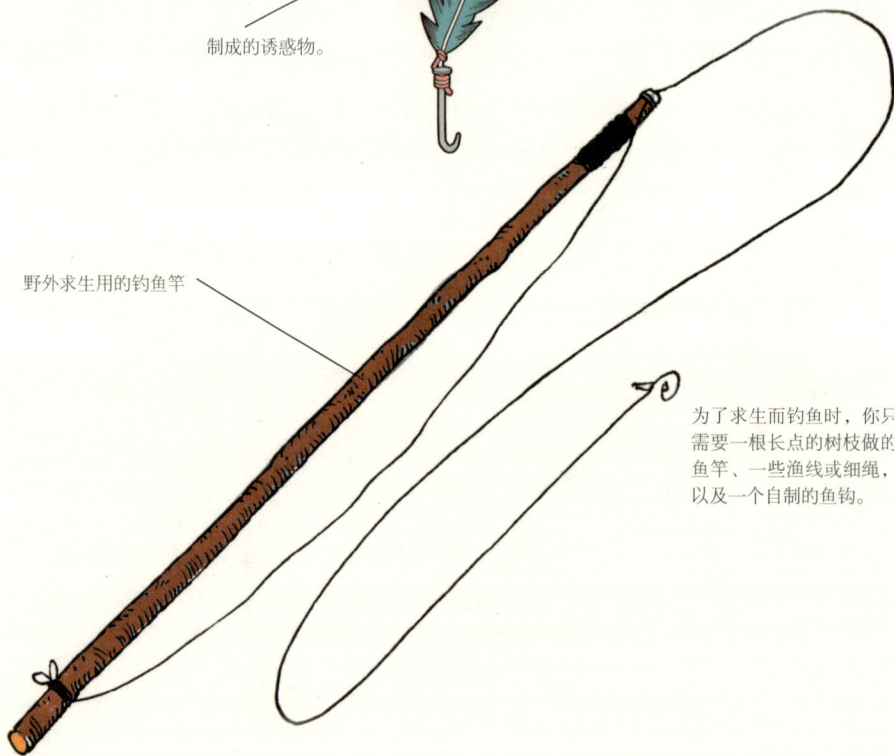

为了求生而钓鱼时，你只需要一根长点的树枝做的鱼竿、一些渔线或细绳，以及一个自制的鱼钩。

用瓶子做个陷阱

如果没有渔线和渔网，你如何捕鱼呢？这其实很容易——如果你恰巧有个空塑料瓶的话。

瓶子做的陷阱存在一个问题——虽然它是个很好的陷阱，但只能捕到相对较小的鱼。即便如此，在野外求生的状态下，它也将是决定生死的关键所在。

制作瓶子陷阱，只需要一个大点的空塑料瓶。用一把锋利的刀子，在瓶口往下三分之一处把这个塑料瓶切掉。然后，把切下来的瓶口反转过来，插入剩下的瓶体内（请确定你已经拧下了瓶盖）。把这个瓶子浸入河中或小溪里，鱼会游过瓶口进入瓶体内，然后便困在里面，只等你去收获了。在瓶子里放上一些水草，对鱼来说，这会比一只空瓶子更有吸引力。等你捉到鱼后，要小心。不要在河面上打开你的瓶子，否则，捉到的鱼很可能会溜掉。

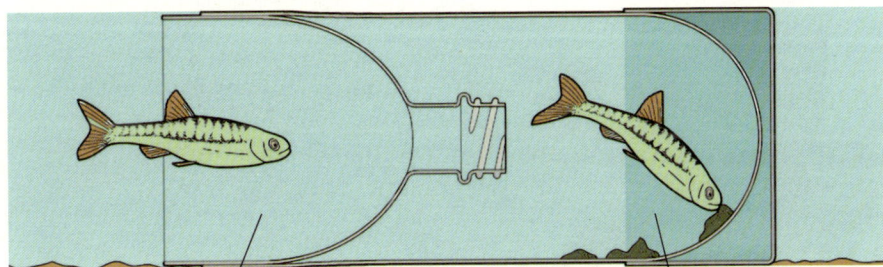

鱼游入瓶子陷阱的开口，挤过了狭窄的瓶口。

它现在被困住了！你可以把它煮来吃了。

线钓

如果你身处河流或小溪旁，你就不会在野外挨饿。下面将教你如何才能捕捉到足够多的鱼。

如果你想钓到大量的鱼，有一个好办法是将大量渔线整夜悬浮在河水中。要做到这一点，你首先需要一根长绳子，然后把一些渔线系在上面，并在每根渔线上都配好鱼钩、坠子和诱饵。请把每根渔线做成不同的长度（或者在不同位置的渔线上添加浮子）。这就意味着，你可以钓到处于不同水层的不同种类的鱼。现在，找一处狭窄的水域，在两边的河岸上插上两根短树枝，然后把长绳子拴在两根树枝之间，使绳子上的渔线能悬浮在水中。你可以把这些渔线放上一整夜，第二天天亮后去查看一下，看看是否钓到了什么。但是，如果你把这些渔线放得太久的话，你的猎物很可能会被其他动物偷走。

用线钓捕鱼时，你可以离开去做其他事情！你还可以根据你的需要设置很多渔线。当然，只有两到三根渔线会发挥主要作用。

你已经钓到了一些鱼。现在，你可以准备一顿美餐了。你要按照下面的步骤对鱼进行简单的加工。

加工鱼，最简单的方法就是去掉鱼的内脏。要做到这一点，你只需要一把非常锋利的刀子，所以你一定要小心。把鱼按住，并将其腹部切开，从鱼头下面一直切到尾部（A）。把鱼扒开，掏出里面的内脏（B）。清洗鱼的内腔并切掉鱼尾巴和鱼鳍，现在就可以把这条鱼拿去烹饪了（C）。吃鱼的时候要小心，不要把鱼刺吃下。另外一种加工鱼的方法被称为"切鱼片"。这种做法和前一种方法一样，要先把鱼切开，取出内脏，然后切掉鱼身上的尾巴、鳍和头（D）。完成了这些后，你就可以把鱼肉从鱼刺上剥离，留下无刺的鱼肉，再把它们放在火上快速烤熟了（E和F）。但是，别把鱼骨头扔掉。鱼的肋骨非常尖锐，你可以用它充当临时的针。当然，你也许会觉得，使用切鱼片的方法，会浪费太多宝贵的鱼肉。如果是这样的话，你就采用第一种加工方法吧！

绝境求生真实档案 ⚠️

2006年，发生了一个有史以来最伟大的求生故事。2005年10月，三名墨西哥渔民驾驶着一条8.2米长的小船，离开了位于太平洋的港口。可是船的马达出了问题，他们开始在大海上漂流。最终，他们被潮汐带到了距离出发点8046千米外的地方。他们在海上迷失了九个月。在此期间，他们面临的最大问题是缺乏食物和饮用水。利用船上的渔网和渔线，他们设法捕捉到了足够维生的鱼，而雨水则为他们提供了饮用水。最后，他们被一艘来自中国台湾地区的金枪鱼捕捞船救起。

A

B

C

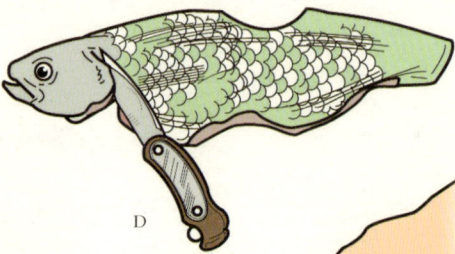

D

E

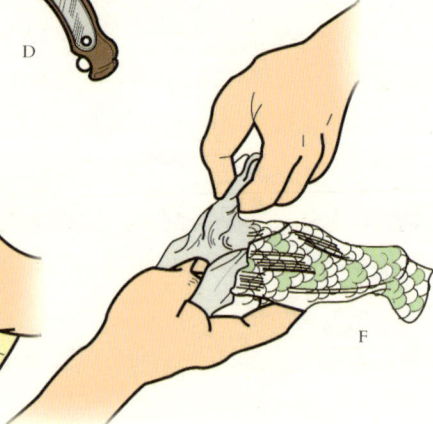

F

第七章

烹煮和食用

制作一个育空炉

如果你能制作一个育空炉，这表明你已经成了一个真正的野外生存高手。育空炉可以满足你从取暖到做饭的一切需求。

育空炉是野外求生中一种比较高级的炉灶，这种炉子非常适合用于取暖或烧饭。制作育空炉的第一步，是在地上挖一个宽24厘米、深30厘米的坑，然后再挖一条通入坑中的通风渠道——你可利用这一渠道添加柴火并控制空气流量（记住，空气对燃烧的火焰而言非常重要）。这一步完成后，就把石块堆砌在坑的四周，建一个烟囱。同时，你要确定坑底部的通风渠道未被封堵。然后，

用泥浆和黏土将堆起来的石块固定住。火焰的热度会烘烤黏土，使这个烟囱变得更加坚固。现在，你的育空炉便准备好了。利用坑底的通风渠道添加柴火。柴火一旦点燃，育空炉便会产生大量的热量，你可以用石块或木头来改变通过通风渠道的空气量，并以此来控制火焰的大小。你既可以把食物放在炉内烘烤，也可以用木叉或木烤架把食物穿起来，放在烟囱上方烤制。

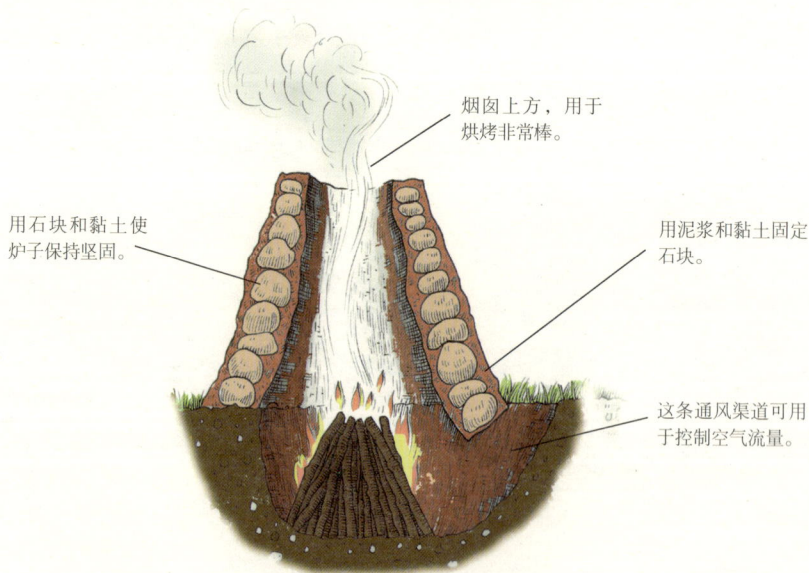

烟囱上方，用于烘烤非常棒。

用石块和黏土使炉子保持坚固。

用泥浆和黏土固定石块。

这条通风渠道可用于控制空气流量。

制作一个蒸汽坑

把你的食物埋进一个蒸汽坑中，这听起来似乎不是个烹饪的好办法。别担心——下面将给你介绍一个烹煮出完美食物的好办法。

在野外求生的过程中，蒸汽坑是一个极好的"烹饪设备"，因为它能保留住食物中所有的营养成分。首先，在地上挖一个大约30厘米深的坑，并在坑的底部生火。然后，在坑中用干树枝搭起一个架子，把石块铺在这个架子上（A）。这些石块会被烧得通红滚烫，并跌入坑中。当坑内的火焰开始熄灭时，用一把树枝和树叶扫去坑内的灰烬，再把一根长树枝插入坑的中央。接着，

在石块上铺上厚厚的一层青草（B）。用更多的绿叶把你的食物紧紧地包裹起来，再将它放在刚才铺的草上。在整个坑上再铺上一层青草（C），接着再铺一层泥土。现在，拔出竖立着的那根树枝，朝孔中倒入一些水，然后用泥土将孔封住，让所有这些东西都静置20分钟（D）。坑内热腾腾的石块将把你的食物完全焖熟。最后，小心地把食物挖出来，打开包裹便可以食用了。

在火上烹制

　　夜空下，一堆篝火正在熊熊燃烧。在野外的这一天结束前，你可以发挥一下烹饪技能，利用篝火做一顿美餐。

　　在火上烹饪食物，最简单的方法是就像烤串那样，把肉或蔬菜穿在树枝上，放在火上烤。此外，你还可以用树枝做一个烤架，在篝火四周用 Y 形树枝或者一堆石块将"烤架"支撑起来，并放在火上。在这里，要切记的一点是：你要确定肉已经烤透了——火焰会把肉的外面烤焦，但里面却没有熟。检查肉是否熟透的最好的办法是：将一把叉子或锋利的刀插入肉块靠近骨头处的最厚的部分，如果流出的汁液是血红色的，就表明肉还没有熟透；如果流出的汁液是透明的，那就表示可以吃了。

　　这里还有其他一些利用篝火烹制食物的方法。比如，你可以将小点的鱼或薄薄的肉片直接放在干净的石块上——前提是这些石块已经在火中被烧得滚烫（参见下图）。你还可以用植物将肉包裹起来，然后把它埋到土中，在土的上方生把火。火焰的热量将把"包裹"中的肉烤熟，而泥土则可以防止肉被烤焦。

A：找一些大而圆滑的石块，把它们堆起来。

B：在石块上方生把火。

C：当火熄灭后，把灰烬清扫干净。

D：把鱼放在烧得通红的石块上烹制。

用烟和空气风干食物

在野外求生的情况下，你没有冰箱或冰柜来保持食物的新鲜。你得赶紧采取行动，否则你的食物将全部腐烂。

食物中的水分，会加速霉菌和细菌的"繁殖"。因此，如果你想让食物保留足够长的时间，就必须把它们风干。如果你处在温暖而又干燥的气候下，你可以将"非脂肪"的肉类（例如鱼肉）和蔬菜风干。把一些小块的肉或蔬菜放在石块上，或者挂在树枝上，置于温暖的空气和阳光下。从理论上来说，吹过的暖风会把这些肉或蔬菜彻底风干。可是这需要时间，你必须在一旁守着，以确保食物不会腐烂，不会被其他动物偷走，不会被昆虫覆盖。而烟熏则是一个可更快风干食物的办法——烟会驱除食物中的水分。一个很简单的烟熏法就是将食物放在树枝搭成的网格上，然后将它们置于烟很大的火上。你可以在火中添加一些青草或绿叶，让烟雾大到几乎能"覆灭"火焰。烟熏食物时，你得待在一旁不要离开，除非你想将食物烤熟。在食用风干食物时，需要先把它们浸泡到水中，使其软化后再进行烹饪。

绝境求生真实档案 ⚠️

2007年2月，有两个人在法属圭亚那（位于南美洲的东北海岸）的丛林中迷失了。这两个人分别是卢瓦克·皮卢瓦和吉扬·纳亚，他俩都有丰富的野外生存经验。他们失踪了几个星期后，一场大规模的搜救行动展开了——因为他俩原本只打算在丛林里待10天。到三月底，他们的行踪还是没有被发现，搜救行动缩小了规模。在失踪七个星期后，这两人再次出现了，他们脱水、疲惫，但他们还活着。他们能够生存，靠的是饮用河水、吃昆虫、植物种子，以及他们设法在河边捉住的两只海龟。正是这些简单的食物让他们活了下来。

上：用烟熏干，是快速风干食物的最佳办法。

下：风干架可利用空气来风干食物。要小心的是，其他的动物会企图偷走这些食物。

TIP 59　制作野茶

乍看起来，一棵松树似乎并不能给你提供什么好的求生食物。不过，松树除了能为你提供松子外，还能为你提供清凉饮料。

沸煮，是野外烹饪的另一种方法，尤其是一些坚硬的蔬菜或植物，必须将其软化后才能食用。但是，当食物煮好后，你不要急着把沸水倒掉。如果你煮的是蔬菜，水中会包含一些很有营养的物质。所以等水冷却后，你可以把它喝掉。在野外，你还可以用两茶匙碾碎的松针和一杯水，来做一杯简单的茶。先把水煮沸，使其能安全饮用。然后把松针（当你摘取松针时，应该选择那些最绿、最新鲜的松针，因为它们的味道比那些老松针更棒）加入沸水中。让松针在沸水中至少煮10分钟之后，再把煮好的野茶倒入另一个蒙了一块布的容器中，以过滤掉松针。这样，你就得到了一杯清凉而又有营养的饮料了。

用一块石头碾碎松针，这样便能使松针的味道得以释放。

通过一块布料过滤"茶水"之后，就可以饮用了。

让松针在沸水中煮10分钟。

简单易得而又安全的植物类食物

大自然里充满了可供食用的好东西，只要你知道可以在哪里寻找到。

因为某些含有剧毒的植物看起来却很像是可以食用的东西，所以你必须很好地掌握辨别植物的知识，并向有经验的成年人咨询。有一些很常见且容易获得的植物可以作为荒野求生时的食物。带刺的荨麻是可以食用的，而且它还富含维生素、铁以及蛋白质。不过，你应该挑选荨麻顶端最嫩的叶片（当然，你要戴上手套）。把摘下的荨麻叶放在水中煮沸，可完全消除尖刺里的化学物质，使其能安全食用。此外，夏季结束前，可以很容易地在很多地方找到黑莓和野草莓。摘取黑莓和野草莓之后，只需要清洗一下，就能直接食用了。松树的松针可用来做成营养丰富的饮料，而松果里也有美味的果仁。你既可以生吃这些果仁，也可以将其烤熟后再吃。甚至，你还可以靠吃橡子维生——尽管橡子生吃起来的味道有点糟糕。所以有条件的话，可剥去橡子的外壳，放入水中煮沸。切记要反复煮几次，且每次都要换水——这可以消除橡子的苦味。

松子

胡桃

野蘑菇

橡果

黑莓

荨麻

TIP 61 识别有毒的植物

有些植物非常好吃，有些植物却非常难吃，有些植物还含有剧毒——你吃几口就可能会要了你的命。

以下是识别有毒植物的一些基本原则。不要吃任何长有白色或黄色浆果的植物，长有红色浆果的植物也尽量别吃，除非你能确定它们是无害的（例如野草莓）。当你触摸某种植物时，如果它使你的皮肤发痒，那这种植物就千万别吃。有的长有细小带刺绒毛的植物，也不能吃。有些植物，当你把它的树叶捣碎后，会发出杏仁的味道——这种植物千万别吃，它里面含有致命的毒素。如果一些植物已经死去，或者腐烂，或者出现了有昆虫寄居的迹象，你也肯定不能把它们当成食物。而且，永远不要吃不认识的植物的球茎。另外，千万别因为看见动物食用了某些植物，就傻乎乎地认为它们是安全的——动物能吃的某些东西，人吃了却会大病一场。此外，你还应该避免食用真菌（如蘑菇和伞菇）。虽然有很多种类的蘑菇是可以食用的，但是也有很多种类的蘑菇是会致命的。在你能正确识别它们前，最好还是敬而远之。

致命的蘑菇

大马勃菌

毛地黄

毒芹

有毒的茄属植物

可食用的昆虫

昆虫，可能听起来像是这个世界上最糟糕的食物，但在野外求生时，它们将是救命的食物。

昆虫含有大量蛋白质，而蛋白质是增强和改善人类体质的必不可少的物质。蟋蟀、蝗虫以及蚂蚱都可以食用，但你应该先去除它们的翅膀、腿和触角。白蚁，也许看起来让人毛骨悚然，但它却是野外求生时很棒的食物，它能提供大量的蛋白质、脂肪和水（在野外求生时，这是一组很好的混合营养）。把所有的昆虫放入水中煮沸，使其可以安全食用。你还可以用同样的办法吃蠕虫，

但是尽量别吃那些毛茸茸的虫子，它们可能含有会让人过敏的化学物质。特种部队的士兵们经常将蚯蚓作为野外生存的食物。他们先把蚯蚓的内脏挤出，然后将其炸着吃或煮着吃。如果你觉得吃这些东西对你来说实在难以接受，也可以把它们放在阳光下或者热石块上烘干，然后用石头把它们磨成粉。你可以把这些粉末加到其他菜里，作为额外的蛋白质补充。记住，绝对不能吃那些死

工白蚁

蝗虫

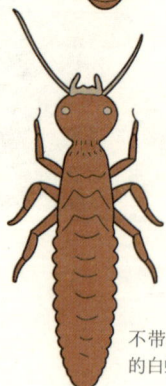

不带翅膀的白蚁

带翅膀的白蚁

去的、患病的、色彩特别鲜艳的，以及闻起来味道很不好的昆虫。

要收集白蚁，可以把一根木棒伸入白蚁堆中。白蚁们会对木棒发起攻击，用它们的下颌紧紧咬住木棒。

收回木棒，然后把木棒上的白蚁刮到一个烹煮罐中。

制作一个昆虫陷阱的方法是：把一个四面光滑的罐子埋入土中，一直埋到罐口边。然后，在罐中倒入一些水。用一块木板半盖在罐子上方，遮住一点阳光。昆虫就会爬到木板下寻找避光处和水，然后会跌入罐内。

现在我们倾向于认为昆虫仅仅是野外求生时的食物，但历史上却有很多人都把昆虫归为正常与健康饮食的一部分。例如，古罗马人和古希腊人曾经将甲虫的幼虫和蝉作为食物；在古时候的中东地区，人们常常将蝗虫拌蜂蜜当作一种美食来吃；在19世纪，很多美国原住民把蟋蟀作为一种主要的食物。时至今日，还有很多地方的人继续以昆虫为食。在非洲、亚洲，以及拉丁美洲的很多地方，人们依然要食用大量的昆虫，包括白蚁、蜘蛛等。在亚洲和拉丁美洲的某些偏远丛林里，当地人甚至吃狼蛛。尽管昆虫看起来令人作呕，但它们实际上却是一种历史悠久的食物。

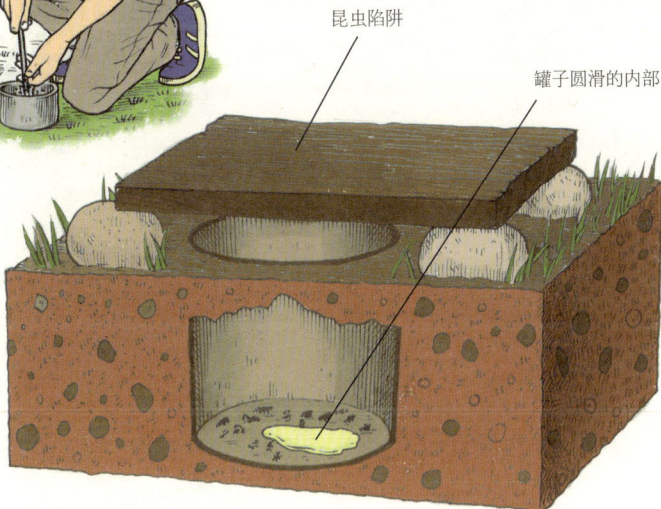

昆虫陷阱

罐子圆滑的内部

第八章
危险

防止蛇的攻击

你未加思索便跨过了一根倒下的树干。突然，你看见了一条蛇，它盘成一团准备攻击你。你该怎么办呢？

在野外遭遇到一条蛇时，你要遵循的第一条原则是，尽可能地为它留出空间。蛇不会主动攻击人类，除非它被激怒了——通常都是因为人们不小心踩到了它们。在走过荒野时，你要小心蛇。在热带国家，路过岩石或荫凉地带时，要格外小心。蛇和人一样，喜欢避开阳光。如果你发现了一条蛇，你只要朝着它的相反方向不慌不忙地走开，就不会有什么问题。可是，在某些情况下，蛇会以闪电般的速度发起攻击。如果有可能的话，用一根棍棒击打蛇的头部，甚至用大砍刀砍掉它的头。当蛇看起来快要死了的时候，你一定要小心——有时候蛇会装死，等你想把它捡起来时，它便会发起攻击。如果最糟糕的情况发生了——你被蛇咬中，你应该看看被咬的伤口。如果伤口上是两个较大的洞，并与其他齿痕分离开，那么这条蛇很可能是有毒的，你需要尽快就医。如果可能的话，让另一个人去找人来救你，你自己应该尽可能冷静地留在原地——因

为心脏跳动的速度越快，毒素扩散到全身的速度也就越快。

非洲树蛇是沙漠地区的一种毒蛇。

曼巴蛇（树眼镜蛇），是非洲地区一种生活在树上的蛇。这种蛇带有致命的毒液。

防止熊的攻击

任何凶猛的动物都是你在野外不想碰上的，尤其是熊。

一般来说，熊只有在认为自己或自己的幼仔受到威胁时才会发起攻击。如果你正在穿越一片茂密的森林，而你又知道这一地区有熊的存在，那么你应该每隔几分钟便大声叫喊一次。这一举动就是告诉熊有人来了，以便给它离开的机会。如果突然间与熊正面相遇，你应该开始跟它轻轻地说话，并把你的双手高高举过头顶，尽可能使自己的外形看起来高大一些。别试图转身逃跑——这个举动会让熊追你，而且熊的奔跑速度远比你快。相反，你应该慢慢地向后退。如果一只熊开始摆布你，你应该让自己蜷曲在地上（像个球那样），千万别对熊的拨弄、抓挠和啃咬做出反应。通过装死，你也许可以让熊相信，你并不构成威胁。这样它就会离开你。可是，如果熊的攻击已经威胁到你的生命，你应该在回击时尽可能发出最大的声音，并用树枝刺它。但愿你能以这种方式将熊驱离。

绝境求生真实档案 ⚠

1823 年，蒙大拿州，一位拓荒者兼猎人休·格拉斯，惊动了一只灰熊和它的幼仔，他随即遭受了一场可怕的攻击。尽管他的同伴们设法开枪打死了灰熊，但格拉斯依旧受了非常严重的伤。几个人陪在受伤的格拉斯身边，但是他们因害怕遭受当地居民的袭击，所以最终把格拉斯丢弃在荒郊野外。不过，格拉斯非常坚强，而且他知道如何在野外生存下去。他开始试着爬行。他穿过 160 千米的荒野，靠野果、沿途找到的动物尸体、河水，以及雨水为生。尽管格拉斯遭遇了很多艰难险阻，但他最终在六个月后到达了安全地区。他创造了奇迹……

熊的爪印

防止美洲狮的攻击

美洲狮很少主动攻击人类，除非它们受到了威胁。但是，年老或生病的美洲狮有时会袭击人类，并以此作为比较容易的食物来源。

防止美洲狮的攻击，比设法从其袭击中存活要容易得多。在有美洲狮存在的地区，不要一个人行走。黎明和黄昏时更要特别小心，因为这是美洲狮捕食的时间。你在行走时，应当尽量弄出大点的声响，以警告美洲狮。如果你带着一条狗，那就一定要用绳子牵着它。因为如果这只狗四处乱跑，美洲狮会发现它，并认为它是一只离群的动物（当然，最好不要带着狗，因为美洲狮会把它视为猎物）。如果你看见了一只美洲狮，千万不要接近它，而是要保持安静，等它离你而去。如果美洲狮慢慢靠近，你应该直视着它，并将身体站直，把你的手臂和外套高高举过头顶，使你看起来更高大，更强壮。如果美洲狮发起了攻击，你应该尽可能地猛烈反击，用石块、木棒、噪音，以及你能想到的一切来反击。记住——美洲狮希望找一个容易猎杀的猎物，所以你应该设法证明自己绝不会屈服。

美洲狮的足印

坠入河中后的求生法

坠入河中与跌入游泳池是完全不同的概念。汹涌的水流，以及水下的障碍物能在几秒内就把你拖至水底。

河流中潜藏着很多危险，包括湍急的水流和危险的水下障碍物（例如石块等）。如果河水的流速比较缓慢，你可以安全地径直游到岸边（这样做显然是恰当的选择）。可是，如果河水的流速很快，你也许就会遇到很多问题。首先，不要试图直接在湍急的水流中游泳——水流永远比你更"强大"。你应该顺着水势，斜着游向对岸。如果你还有同伴在对岸，你要试着告诉他们跑到你的前面，并把绳子的一端掷入水中，这样他们就可以把你拉上岸去。在水中，你要采取仰泳的姿势，将双脚向前伸——这样一来，如果碰上水中的礁石，就不会撞到头部。考虑一下，你可以从哪里脱困。峭壁或泥泞的河岸可能根本无法攀爬，所以你应该游向下游更远处，在比较坚硬、比较平缓的地点上岸。在水中，你要试着抓住任何漂浮在水中的木头，以便让自己得到更大的浮力。

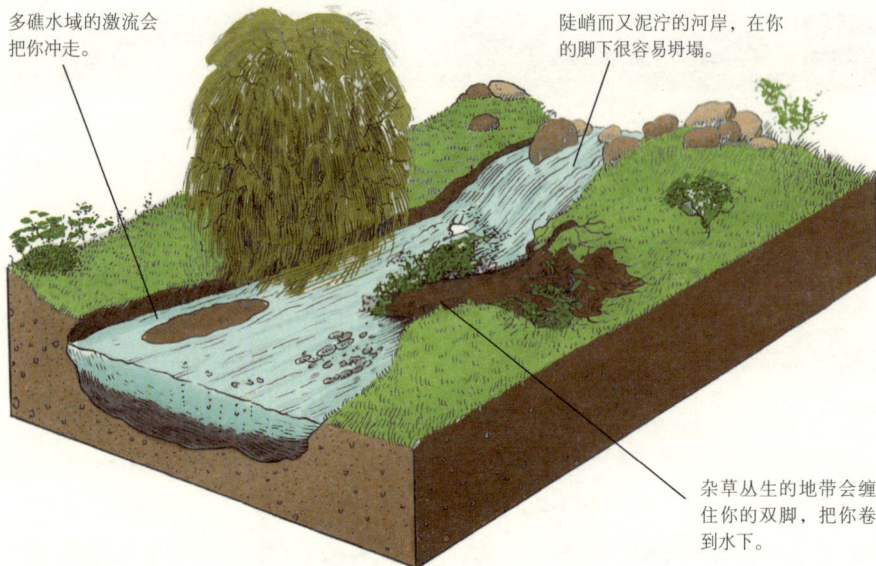

多礁水域的激流会把你冲走。

陡峭而又泥泞的河岸，在你的脚下很容易坍塌。

杂草丛生的地带会缠住你的双脚，把你卷到水下。

雪崩中的求生法

雪崩，是大自然展示的令人敬畏的力量。雪崩体的移动速度比一辆超速行驶的汽车还快，其威力足以将树木撕成碎片。

如果你正走在多山地区，这里的山坡和山脊上覆盖着积雪，那就一定要小心。如果脚下积雪的声音显得空洞，或者你看见地面的积雪产生了裂缝，再或者你听见了隆隆的开裂声，那么你应该立即离开所在的山坡到安全的地方去。如果你看见雪崩体向你扑来，而你已经无法逃脱时，要立刻解下你的背包，把嘴紧紧闭上，把鼻子盖好，试着以游泳或滚动的方式来应对积雪的冲击。一旦停下来，你就会被积雪淹没，并且迷失方向，彻底陷入黑暗中。此时，请保持镇定。要立即将你面前的积雪清理掉，以创造出一个可供呼吸的空间。要想找出向上的方向，可以吐一口口水。如果吐出的口水流过你的脸颊，那么你正对的方向就是向上的方向；如果口水直接离开你的身体，那么你背对的方向就是向上的方向。现在，像游泳一样向着上方慢慢地蠕动，切记不要惊慌。

雪崩　　　　　湿雪

当积雪与水混合后，一块湿的雪崩平面（上图）就此形成。其他的雪崩类型还有雪板式雪崩，这是因一大块积雪从整个雪块上脱离而形成的；而松雪式雪崩则是由粉末状的积雪造成的。

陷入流沙（或沼泽）后的求生法

一旦你陷入流沙或沼泽，这简直就是场噩梦，而错误的反应会要了你的命。

如果你陷入了流沙，最糟糕的反应就是惊慌失措、挣扎和扭动，因为这会使流沙更快地把你拖下去，并像水泥一样禁锢住你的四肢。因此，生存的第一步就是尽可能地放松你的身体，不要在流沙中动来动去。接下来，慢慢地移动你的身体，形成悬浮的姿势。要做到这一点，就要把你的身体从一端倾斜向另一端，用你的双臂进行有力而又缓慢的游泳动作，直到你的身体形成平躺的状态，或者接近流沙的表面。现在，无论你是向下趴着还是仰面躺着，你都可以用爬行或游泳的姿势向流沙的边缘靠近。尽可能地让身体平摊开来，以便分散体重。这样做虽然很辛苦，但最终能让你抵达安全地带。

第九章

气候

风暴中的求生法

在荒郊野外，风暴会要了你的命。四下里电闪雷鸣，飞起的石块和树枝会像子弹那样命中你。

如果你头顶上开始出现闪电，你应该将身子蹲得非常低——在一个地区，闪电总是被最高的物体所吸引，所以，你要确保自己不是那个最高的物体。基于同样的理由，你也不能在树下或其他高耸的物体下寻求庇护，因为闪电可能会击中大树并传递到你身上（记住，闪电可以穿过土壤或岩石，并且传递距离相当远）。如果你携带着长长的金属物件——例如带天线的收音机或者是钓鱼竿（这些都有可能吸引闪电），你应该把它们放在地上，并远离它们。如果你突然觉得发梢直立，这可能是闪电即将击中你的征兆。你应该立刻趴在地上，最好是爬到某种遮蔽物下。在飞沙走石的情况下，要想保护自己，你可以蹲在遮蔽物的后面，或者躲在坑内、沟中。如果你身处开阔地带，则应该用你的外套包裹住头部，以获得一定程度的保护。

狂风大作时，最重要的事情是在飞沙走石中保护自己。

酷热中的求生法

你需要穿越纵深数千米的沙漠，天气干燥而酷热。这时，衣着和饮水上的小错误便能置你于死地。

极度的高温主要以脱水和中暑的方式致人死亡。脱水意味着你的身体失去的水分远远多于摄入的水分，你实际是被蒸发干了。当你的身体严重发热时，你便中暑了。这两种情况都会导致你的大脑和体内其他的器官停止运作。所以在高温下，你有两件事情必须优先考虑：第一，尽可能地待在阴凉处；第二，尽可能地多带些水。

为了保持凉爽，你应该把自己的行动限制在清晨和黄昏这些比较凉快的时段，而不是在炙热的白天。伴随着明亮的月光，你可以在夜间行走。而在直射的阳光下，你应该设法寻找一个遮蔽处，因为这会让你少流汗，从而降低体内水分的流失。你可以用两张床单（或帆布）在沙漠中搭建一个遮蔽处，两张床单之间要留空隙（参见下图）——它的顶层可以让你避免被阳光炙烤和晒伤。尽量多喝些水，而别把宝贵的水浪费在清洗自己上。如果你带的水不多，尽量不要吃太多东西，因为消化食物需要大量的水分，尤其是高脂肪食物和肉类。

另一个避开阳光的好办法是搭建一个地下掩体。在沙漠环境中，它将为你提供非常好的保护。挖一个 60 厘米深的坑，创造一个能让你舒服躺下去的空间。在坑的上方盖上两张帆布或者木板，并在这两张帆布或木板之间留下一个空气层。这个空气层就在坑的顶部形成了一层静止的空气，可使下方的沙坑保持阴凉。但是在挖掘这个地下掩体时，你要非常小心，别挖得太深。因为一旦这个掩体坍塌，沙子就会压在你身上，凭你的力量也许无法挖出一条生路。

绝境求生真实档案 ！

1994 年 4 月，一位来自西西里的警察兼运动员——莫罗·普罗斯佩里，开始了他的沙地马拉松之旅。这是一场要穿越 233 千米的撒哈拉大沙漠的比赛。在跑步的过程中，一场巨大的沙尘暴袭来，普罗斯佩里完全迷失了方向。他随身携带的水瓶中只有少量的水。酷热中，普罗斯佩里跌跌撞撞地走了一千米又一千米，他几乎要因干渴而发疯。在沙漠中的一个古老的神殿里，他杀死了两只蝙蝠，并喝掉了它们的血，但他还是向绝望屈服了，他试图割开自己的手腕。可是，由于严重脱水，他的血液变得极其黏稠，以至于无法流出。普罗斯佩里蹒跚着继续上路，终于被一群骑着骆驼的游牧民发现，他们救了他。这时，他已在沙漠中行走了九天（走了 209 千米）。

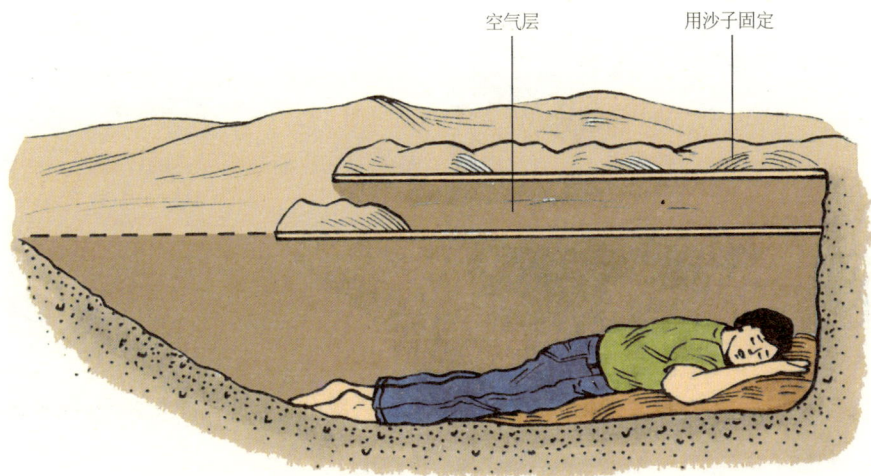

空气层　　　　　用沙子固定

酷热天气中的衣着

即使天气热得像火烤一般，也不要为了凉快而把衣服脱光。

你也许确实很热，但你最好还是继续穿着你的长袖衬衫、长裤和靴子，戴着宽边帽。衬衣和长裤不仅能保护你免遭阳光灼伤和昆虫的骚扰，还能让汗水留在身上（而不是直接蒸发掉），而帽子也能保护你的头部和颈部，让你不至于过热（同时也能让你的双眼免遭阳光直射）。走在粗糙、滚烫的地面上时，靴子不仅可以保护你的双脚，也可以让你避开地面上各种危险的昆虫。如果你没有合适的衣物，可以做一条阿拉伯风格的头巾，你只需

炙热的阳光下，一顶棒球帽可以保护你的头皮。

颈部防护非常重要。如果让脖子毫无保护地暴露在阳光下，你更容易中暑。

面部保护使自己不至于吸进灰尘和沙子。

要一块长点的布，把它绕在你的头顶上就行。要确保这块布足够长，能盖住你的后颈——用一块长手帕挂在棒球帽上，让其垂下来，效果也一样好。用另一块布把脸的下半部挡住，这样可以防止吸进过多的灰尘。在一块白布中间剪一个洞，以方便把头套进去，这种简易的衣物也能起到隔热的作用。

极地求生法

在南北极地区的严寒中，甚至你呼出的空气刚一离开嘴便被冻结，你将如何生存呢？

天寒地冻之时，人体的温度可能会下降到安全水准之下——这种情况被称为"体温过低"。此外，寒冷也会造成冻伤，并让人体的一些部位冻结。为了避免这两种情况发生，你必须要穿得非常暖和（参见"TIP 73"）。你还要尽可能保持全身的干燥。如果你淋湿了，那么，身体丧失热量的速度会比全身干燥时快两倍。寒风吹得越快，温度就会降得越低（这种现象被称为"风寒效应"）。如果你身陷零摄氏度以下的环境中（例如遭遇暴风雪），你应该尽可能快地进入避难所，或搭建一处临时棚屋躲进去。尽量与其他人挤在一起，彼此分享体温——别害羞！多喝些水，因为即使在寒冷的天气中，你还是有可能脱水。

如果要用冰或雪来补充水分，请先把它们融化——吮吸冰里的水，只会加速你体内的热量流失。如果你要生火，

如果不慎跌入冰面下，你应该利用任何自己能拿到的锋利物品（例如刀子、叉子或者滑雪杖等），使自己爬出来。

应该在火堆下面铺一层石块，这样火焰就不会因为周围积雪的融化而熄灭。

当你外出行走时，不要在冰冻的湖面上游荡，也不要在冰面上滑行穿越。

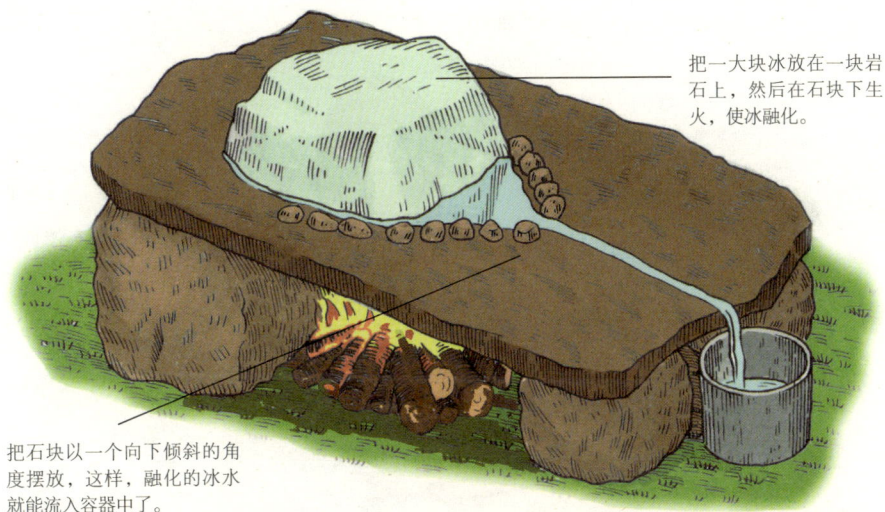

把一大块冰放在一块岩石上，然后在石块下生火，使冰融化。

把石块以一个向下倾斜的角度摆放，这样，融化的冰水就能流入容器中了。

TIP 73　冷天的衣着

在白雪皑皑的旷野中，你迷路了，黑夜即将到来。当气温跌到零摄氏度以下时，大概只有你身上的衣服能将你从死亡的边缘拯救回来。

在极地气候中，要确保你的头部、双手以及双脚都得到了很好的覆盖——体内绝大部分热量是通过这些部位流失的，而这些部位也是最容易被冻伤的。你最好能多穿几层薄的衣服，最外面穿一件防风又隔热的夹克。要留意你的身体，如果某些部位开始发白、麻木并呈蜡状，这说明你的身体已出现冻伤的初期症状。如果你的衣服无法为你提供足够的保护，你可以在衣服里面塞上一些隔热材料——报纸和稻草就非常好——把这些隔热材料松散地扎起来，塞入你的衣服内。另外，狩猎所获得的动物毛皮也是非常好的保温材料。在寒冷的气候中，如果你的衣服开始破损，要立即用针线进行修补。还有一点，也许距离你最近的洗衣机有数千米之遥，但你最好还是让你的衣服保持干净。衣服被泥浆或污垢覆盖后会丧失一部分隔热效果，而这就意味着它无法有效地让你保持温暖。

保护头套

隔热夹克

用绳子连接的手套，这样你就不会丢失它们（永远不要把手套放在雪地上）。

防水材质

116

制作一副太阳镜或雪镜

在冬日的阳光下待了几个小时后，你可能会发现自己的眼睛开始发烫，开始流泪。赶紧行动起来，否则，你的双眼在几个小时内就会失明。

随着时间的推移，明亮的日光或冰雪上的反射光线会让你的双眼遭受可怕的痛苦，也许它们还会流泪。这种症状可能会变得更加严重，最终导致你失明。尽管这种症状以后会逐渐消失，但这显然不利于你在野外求生。幸运的是，这里有几个简单的办法，可以将"雪盲症"的危害降低。到目前为止，最好的办法莫过于佩戴太阳镜。但有些时候，你并没有随身携带太阳镜。因此，你要用到的第一个生存技巧就是在每只眼睛下涂上厚厚的一层黑炭。你可以把树枝放入火中燃烧，使它彻底变成黑色的（涂抹到眼睛下面时，先让它冷却）。这样

做可以防止眼睛下部皮肤反射的光线进入你的双眼。但是，还有更好的保护办法——制作一副雪镜。先找一块薄纸板或布，甚至可以是木板，其宽度能盖住你的面部即可。然后，按照双眼的位置，在薄纸板上开两个窄窄的细缝，另外再切开一个缺口，以便适应你的鼻梁。然后在这副眼镜的两端各刺一个孔，用绳子穿过并绕到头后。这样，你就得到了一副雪镜。也许，你觉得戴着这种眼镜会使自己看起来像个白痴，而且还使视野大幅缩小，但是这种眼镜确实能发挥作用。如果你手上恰好有一卷相机胶卷，它也是保护眼睛的好材料。

第十章

旅行和导向

利用航位推测法定位

如果你已经走了几个小时，却不知道自己身处何方，航位推测法也许可以让你重回正轨。

如果你知道自己在地图上的出发点，那么，有一种被称为"航位推测法"的技术，能让你在走了几个小时或一天后大致判断出自己的方位。这里将介绍如何利用航位推测法来定位。在你出发去探险前，你要在平坦的地面上量出100米长的路程。当你按照正常速度走完这段路程时，你要数一下自己走了多少步。当你在野外行进时，你要在心里默默地计算自己的步数，并且每走100米就要在纸上做个标记。除此之外，你还应该利用指南针记录你的前进方向。在每次改变方向时，你就在纸上做标记。有了这些信息，再加上当地的地标，你可以在地图上大致标出你此时所在的位置。但是，你要记住，你所迈出的每一步，随着地形的变化，其长度肯定不同，所以航位推测法只能给你提供大致的方位。

出发前，对自己要去的方向始终要有明确的认识。将目光固定在一个清晰而又较远的地标上，然后用航位推测法进行判断，你要走多远才能到达那里。在地图上标出你的行走路线，这样你就可以推算出剩下的路途要走多久了。

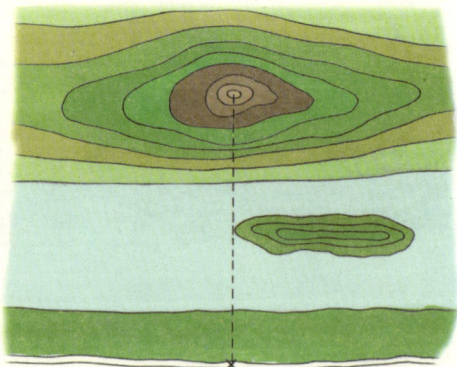

利用太阳或星星导向

几千年来，在穿越海洋和陆地时，人们一直利用太阳和星星来导向。

天体被用于导向已经有几个世纪了。在北半球，北极星（又叫"北斗星"）位于北极的上方，所以你可以用它准确地判定哪里是北面。此外，你还可以利用空中的任何一颗恒星来判断方向。在一个地方静静地坐上15—20分钟，用一个固定物体做参照——例如树木或山丘，观察星星是如何移动的。如果星星上升，就表明那里是东方；下降则表明是西方；向左是表示北方；向右则代表着南方（在南半球，位置刚好相反）。在白天，太阳是很有用的导向工具。

在地上插一根长树枝，把影子的顶端标记出来——这就是你的西点。15分钟后，阴影会移动，再次把影子的顶端标下——这就是东点。在东西点之间画一条线，就得到了一条东西线，然后，你可以据此画出南北线。

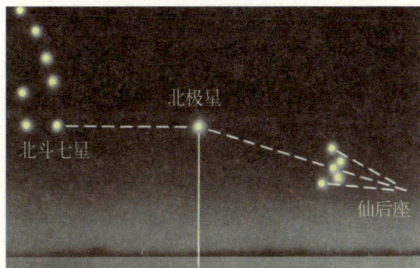

北极星
北斗七星
仙后座

你还可以用你的"太阳罗盘"确定时间。当树枝的阴影触碰到南北线时，时间是中午12点。再将从早上6点到下午6点阴影移动过的地方进行划分，你便得到了一个基本的太阳时钟。

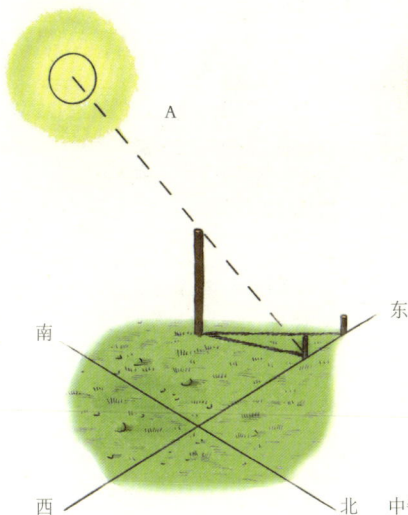

A
南
东
西
北

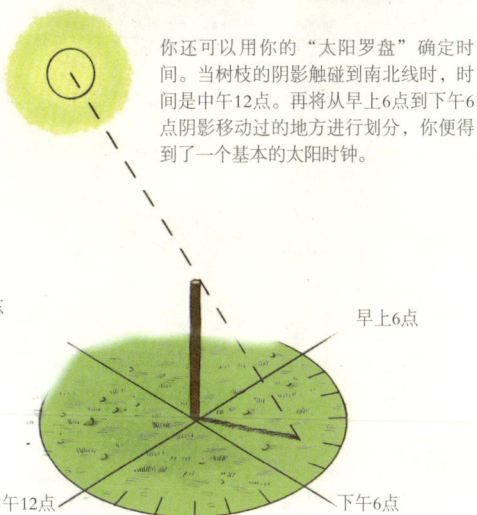

早上6点
中午12点
下午6点

用自然界和地标导向

如果你迷了路，一棵弯曲的树或者一小块苔藓看似并没什么用，但它们能让你回家并救你的命。

利用大自然导向，并不是最好的导向方法。然而，大自然却能为你的前进方向提供一些线索。如果你看看你所去的地区的地图，注意一下大的河流流入大海的方向，等你途经这些河流时，它们便会告诉你你所去的方向。你也可以利用山脉和山脊来导向，因为太阳会从东面升起，从西面落下。如果你就在海边，以这种方法进行导向甚至会更简单——你只要记住大海在哪一面即可。植物也能为你提供方向的线索。大多数植物喜欢阳光。因此，在北半球，植物经常向着南面生长，因为南面的日照更强烈。与之相对的是一些喜阴植物，例如苔藓，它们经常生长在树木北面的遮阴处。然而，利用自然界的事物进行导向时要小心，因为这其中有很多例外的情况。

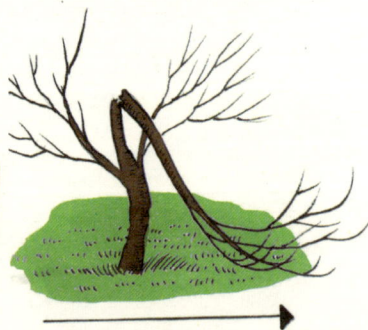

这棵树已经被这一地区常刮的风吹倒（注意箭头）。如果这里的风通常是从北面而来，那么，树木倒下的方向就是南方（大致）。

树木能告诉我们什么呢？如果有苔藓生长在一侧，那这一侧很可能是北方，因为苔藓在这里可以避开南面炙热的阳光。

自己绘制地图

绘制一幅野外求生地图，既实用又有趣。如果你手上没有专业的地图，自己绘制一幅简易地图。这将有助于你了解地形，明确危险地带，并避免迷路。

在你开始绘制地图时，最好的办法是找一处能让你远眺的高地。观察你面前的地形，然后在纸上画下这一地区最主要的特征——山脉、山峰、道路、河流、森林等。一旦你把这些绘制下来，就可以填补一些更小但却很重要的细节。标出那些你发现存在潜在危险的地带，例如陡峭的斜坡，或者绘制出那些可以看到的房屋、不寻常的大树，以及孤零零探出头来的大岩石。在各个主要地标之间标下你估测的距离——如果你觉得这样做有难度的话，你可以标上你在这些主要地标之间行走时大致所需的时间。最后，用指南针在你的地图上标出方位。当你站在高处时，你的地图也许看起来很简单，不过，当你走在森林里或者穿越一片山谷时，它可以让你准确地知道你身处何方。

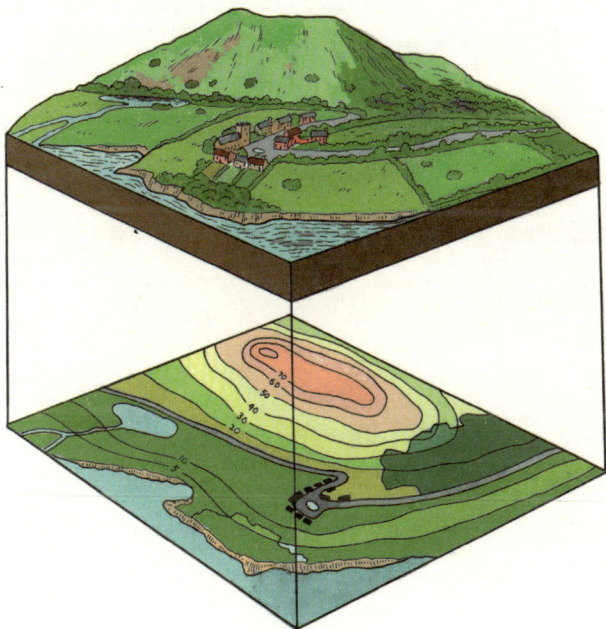

自己绘制地图非常有趣。这同样是一项野外生存技能。用等高线（图中彩色的圆圈）标示出地形的陡度及高度。以一定的高度差，在每一等高线上标明你认为的大致高度。等高线越密集，就表示该地区的山坡越陡峭。

自己制作指南针

如果你的行囊里没有一个指南针，就不要急着到野外去冒险。当你没有指南针，而又遭遇紧急情况时，可以参照下面的方法使用最简单的物品自制一个指南针。

任何生存工具包内都应该有一个指南针。指南针能让你保持正确的行进方向，并使你在荒郊野外中不至于迷失。可是，在某种紧急情况下，你可以自己做一个临时的指南针。这种装置的基本组成部分是一根针——你可以使用缝衣针或大头针，或者一个轻薄的金属物，如回形针。当它们成为指南针前，你必须先将其磁化。用一块磁铁与一根针（针是自制指南针的最佳物品）沿着一个方向摩擦——如果你向前摩擦针尖，针

尖就将指向北方（A）。如果你觉得自己没有磁铁，你可以用音乐耳机内部的磁铁，或者把针放在电池上摩擦。如果你真的无法找到磁铁，你可以把针放在一片石块（B）或丝绸上摩擦。这根针就会产生弱磁性，但用作指南针已经足够了。等你获得了已经磁化的针，找一个无磁性的容器（例如铝制或塑料的杯子），倒上水，放上一片树叶或一张纸，把针放在上面（C）。慢慢地，针开始在水中转动，针尖会指向北面。

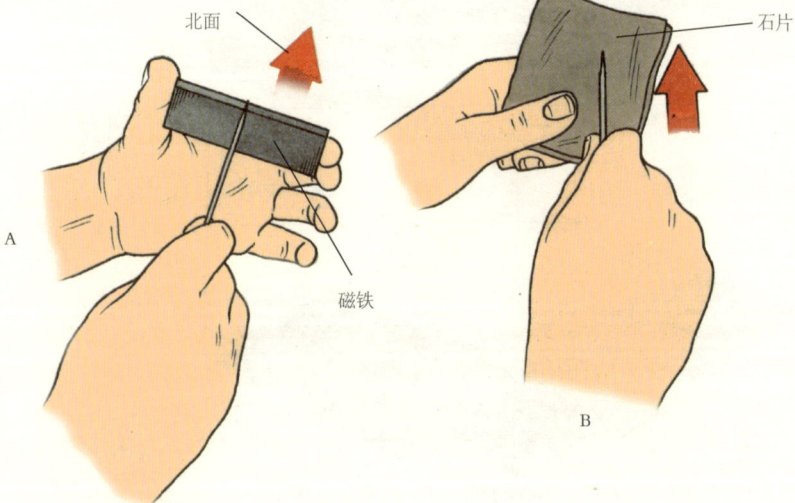

北面

磁铁

A

石片

B

2003 年，加利福尼亚的内华达山脉，滑雪运动员艾里克·列马奎在面临险境求生时，展现出了惊人的顽强意志。他在猛犸象山上滑雪时迷失了方向。在那片冰冻的旷野上，列马奎度过了七天七夜。尽管遭受了可怕的冻伤（他的双脚和双腿的一部分后来不得不被截除），他却没有放弃。列马奎自制了一个指南针，并且靠吃松果和树皮，喝融化的雪水为生。在夜间，他用树枝搭成的床睡觉。他的 MP3 播放器传来的无线电信号给了他方向感。所有的这些措施让列马奎没被冻死，并最终获救。

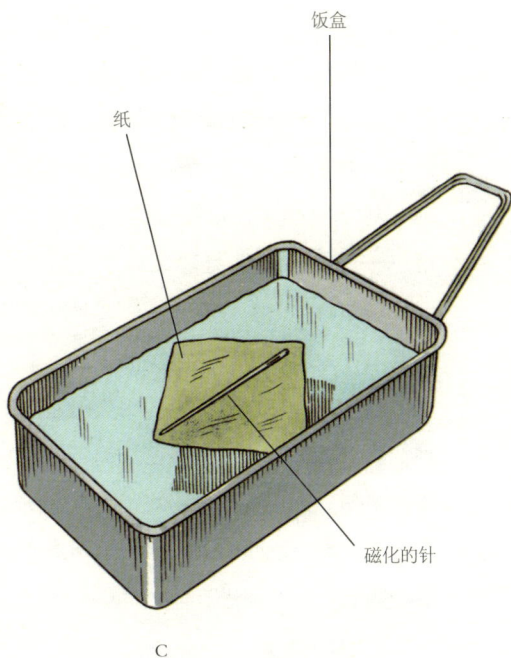

饭盒

纸

磁化的针

C

TIP 80 穿越复杂地形

在险恶的地形中，一个闪失就会让你滑下山坡或者掉进河里。

穿越某些类型的地形是非常危险的，这里有些基本的技巧可以让你保持安全。在山地，如果有些山坡过于陡峭而无法安全攀登的话，你可以走之字形路线登上山坡。这将使你上山的坡度不那么陡峭（A）。如果你走直线攀登，你要把脚趾向外伸，以获得更好的抓地力（B）。在充满石块的山坡上，轻轻地降低你的重心，你在踩上去后就可测试地面是否易碎，以及是否有可能坍塌。千万不要踢石块——石块会滚下山并可能引起滑坡（C）。当你走过大石块，在把身体的重量放上去之前，要先对其进行测试（D）。它们看起来可能很坚固，但是当你踏上去后，它们可能会突然坍塌或者下滑，使你的脚踝扭伤，甚至使你滑下山坡。如果你必须穿越冰雪地带，你要特别注意，尤其是在冰雪覆盖的山坡上。如果你跌倒并开始下滑，你要用你的双臂、双脚和双手用力抓地（见下页图），以便让自己停止下滑——千万别蜷曲得像个球。在这样的环境中行走时，你要先把脚或脚趾部分踢入雪地内，再把你全身的重量压上去。这里有一个好办法，即用登山绳把你们队伍里所有的成员连在一起，一个接一个往后排（留下足够的距离以方便攀登）。跟在后面的人可以利用领头者的脚印更轻松地前进。

在荒郊野外，一个简单的错误就能要了你的命。2007 年，厄运就差一点发生在 87 岁的艾伦·普拉默身上。当时，他正带着他忠实的猎犬德布在路易斯安那州的基萨奇国家森林里打猎。他曾告诉过别人他要去的地方，可等他到了郊外，他又改变了主意，走上了一个不同的方向。他的指南针不具夜光功能，这就意味着它在天黑后无法使用。另外，他还是孤身一人——和其他人在一起总是比较好的。糟糕的事情发生了。艾伦迷失了方向，而暴风雪也开始肆虐，他的体温开始下降。艾伦意识到，他要想活命就必须取暖。于是，他紧紧地抱着他的狗，彼此分享着体温。可是，过了没多久，艾伦就明白，他必须前进。他爬行着穿越旷野，最终被救援者发现。

如果你滑下一个陡坡，你必须想办法放缓下滑速度。伸开你的双臂和双腿，把你的脚后跟、脚趾以及双手插入斜坡中（右上图）。如果你手上有一把冰镐或滑雪杖，也可以用它来减速——把锋利的一端插入岩石或冰块，设法让自己停下来（右下图）。

制作雪地鞋

在厚厚的积雪中跋涉很耗费体力，你会被折磨得又冷又累。这里有个解决办法。

走在厚厚的积雪上会导致令人难以置信的疲劳——仅仅几个小时，你就会发现，每走一步都是竭尽全力。正因如此，你应该试着做一双"雪地鞋"。首先，你需要一些长木条和绳索。其中的一根木条要比其他的长——大约1.2米，并且必须非常柔韧（A）。一根幼树苗是非常好的选择。将这根幼树苗的两端削尖（当你行走时，这将有助于雪地鞋的"鞋跟"插入雪中），并把树枝上所有的突起部分全部削平整（B）。把鞋子绑在一起，最好是用尼龙绳，因为许多其他类型的绳子一旦被冰雪浸泡后就变得不结实。现在，把这根幼树苗弯曲并扎紧成一个椭圆形的外框（C）。接下来，把其他的木条横穿过这个外框，形成一个交错的搁脚的平台（D）。最后，把你的鞋子直接踩在雪地鞋上，用绳子缠绕鞋子的脚掌、脚跟、脚踝等部分，不管你用什么方法，总之要使其稳固。不过，一定要记得在脚踝处留下一些冗余空间（E）。把一些填塞物放在脚踝处的绳索下，以免皮肤被擦伤。重复同一步骤以完成另一只鞋的制作。然后，你就会发现，行走起来轻松多了。

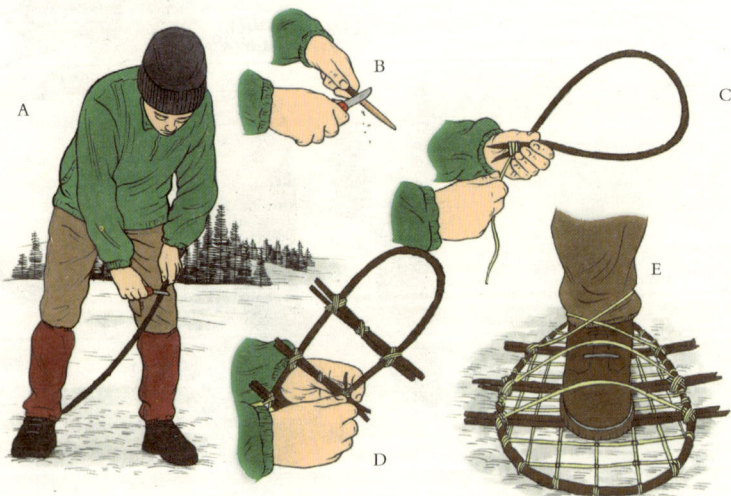

渡河是高度危险的。在湍急的河流中，一个闪失就会使你被卷走。

为了使渡河尽可能地安全，先砍一根长点的、牢固的树枝，至少要和你的身高一样。然后，找一个安全的渡河点，而对面的河岸也必须坚固，但不能过于陡峭以至于难以攀爬。理想状态下，渡河点应该是你能看见的浅水处，而且河水在礁石四周急速奔流以及有漩涡的地带要避开。最佳的渡河点一般都在河道的拐弯处，因为如果你滑倒，你肯定希望被河水带到附近的河岸处。把你的靴子穿上，但应该把裤子脱掉，因为水流会拖曳长裤。把树枝插入你上游的河底（逆流），水流会把它推入河床，而树枝也会部分地减弱河水对你双腿的冲击。猫着腰踏进河水中，一步一步地慢慢过河。记住，当你过河时，水流会把你往下游推，所以你的出水点应该在入水点的斜对面。

如果你有两名同伴，而且还有一根长绳子，那么还有一个更安全的渡河办法。首先，把绳子的两端扎起来，形成一个大大的绳环。两个人留在岸上，握住这个绳环，而第三个人一直抓住绳子并在这个绳环内开始渡河（A）。然后，第二个人开始渡河（B），他还是握着绳环，而这个绳环现在已处于河的两岸。最后，第三个人开始渡河，与第一个人渡河的方法大致相同（C）。这个办法最棒的地方在于，渡河的那个人已经握住了绳索，即便他脚底打滑，岸上的人也可以把他拉上岸。

制作木筏

在茂密的丛林里趟出一条路是非常辛苦的，这里有一个更好的办法——通过河流！

制作一个木筏并不容易。你先要把两根长而结实的木棍铺在地上作为引导杆，要让两根木棍相互平行，且中间留出空间。然后，你需要一些圆木，把它们砍成相同的长度，并在靠近末端处切出凹槽。把圆木放在引导杆上，将引导杆牢牢地嵌入凹槽中。现在，你需要另外两根与引导杆的长度与强度相同的木棍。将这两根木棍放在圆木上方，并与底下的两根引导杆平行，同样嵌入圆木的凹槽中。等你搭好这一基本框架，就把上面和下面的木棍紧紧地绑在一起。整个木筏成型后，要确保圆木的稳固。如果要进一步加固，可以在木筏的中间多捆扎几道，用你手头所有的不管什么绳子，把这个木筏上任何可能的薄弱处都扎紧。现在，你的木筏完工了——只要再用一根长木头做成船桨，你就可以到安全的浅水处测试一番了。

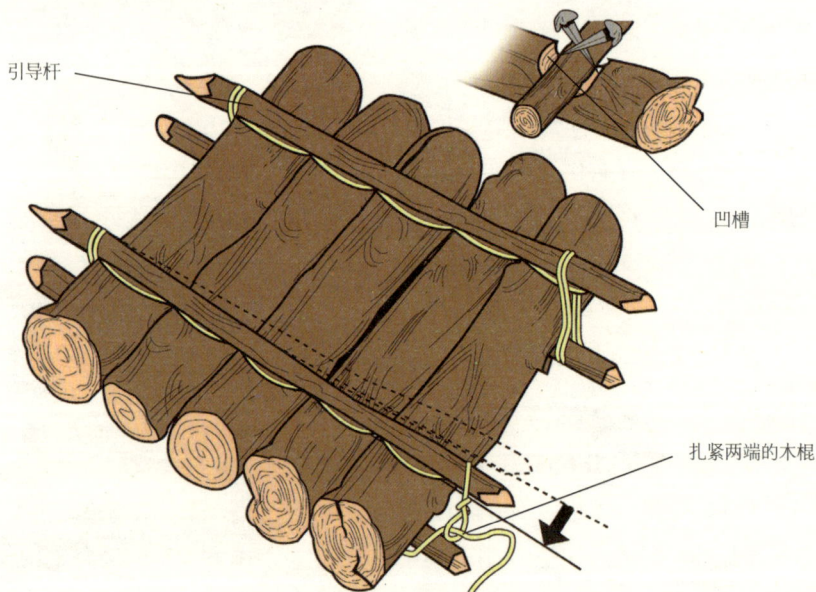

引导杆

凹槽

扎紧两端的木棍

制作草筏

现在，是使用这个快速而又简易的草筏进行漂流的时刻了。

你肯定不会用一只草筏去跨越大海，但是你可以带着它下河。制作草筏最重要的是需要一到两张大而牢固的布料，最好是防水布料（例如防潮布或帐篷布）。把一块较小的布铺在地上，在中间铺上一堆植物——短木棍、芦苇秆、小树枝等，只要是能浮起来的任何东西都可以（A）。现在，把两根短而牢固的木棒扎成十字形，放在这堆植物上面。用绳子把整个"包裹"扎牢固（B）。然后把这个"包裹"放在另一块更大的布中间（C），如果你有的话。用这块大点的布把它包起来，并用更多的绳子把它牢牢扎紧（D）。这种草筏的大小和稳定性并不足以用于在河中进行大的冒险，但可以用来在安静平缓的河水中进行短距离旅行。操纵草筏的最佳办法是使用船桨或者一根能够插到河底的长木棍。

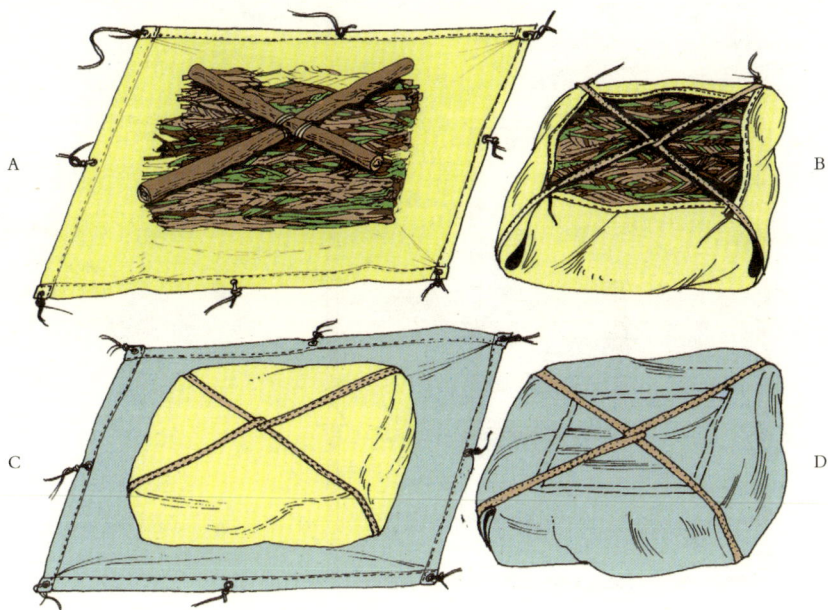

迷路后该怎么办

当你迷失在孤独而又恶劣的荒郊野外，你面临着两个选择——寻求帮助，或者留在原地等待救援。

你已经迷了路，但是寻求帮助是一件非常冒险的事，因为这可能会让你越走越远。根据一般规则，你不应该外出寻求帮助，除非你的队伍里有人受伤并需要紧急救治，或者是你所处的地方不可能有救援队来找到你。如果你们是一群人，就应该待在一起，除非你们当中有一人受伤，在这种情况下，应留下人陪伴伤者。在你离开去寻找救援前，最好跟你的朋友一起，在一张纸上写下附近的地标，这样能让救援队回到这里挽救伤者。出发后，你要沿着山坡下到山

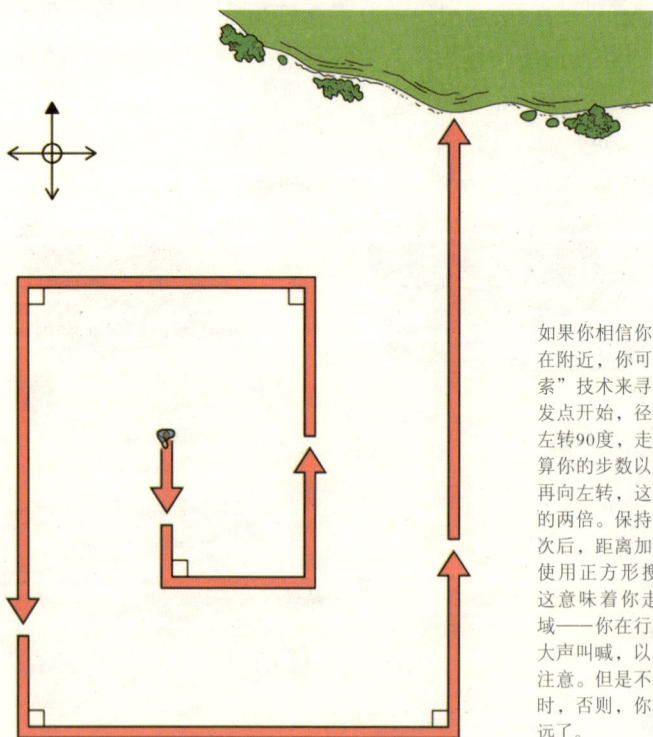

如果你相信你的朋友或救援队就在附近，你可以使用"正方形搜索"技术来寻找他们。从你的出发点开始，径直向前走，然后向左转90度，走出相同的距离（计算你的步数以保持方向）。然后再向左转，这次要走出先前距离的两倍。保持这个方法，每转两次后，距离加倍，如下图所示。使用正方形搜索法进行搜索，这意味着你走过了很大一片区域——你在行走时，应该不断地大声叫喊，以期引起救援人员的注意。但是不要连续行走几个小时，否则，你就在荒野中走得太远了。

谷,试着找到一条河流,然后沿着河水的流向往下游走——人们总是倾向于在河流附近修建居住地。如果外出寻找救援只会使事情变得更糟糕的话,那你就留在原地等待救援队赶到。你可以使用一些后文将要介绍的信号技术以引起外界的注意,并移至空阔地,以便能被飞机发现。只要你告诉过你的亲人或朋友你的去向(你应该一直这样做),救援队就会找到你。

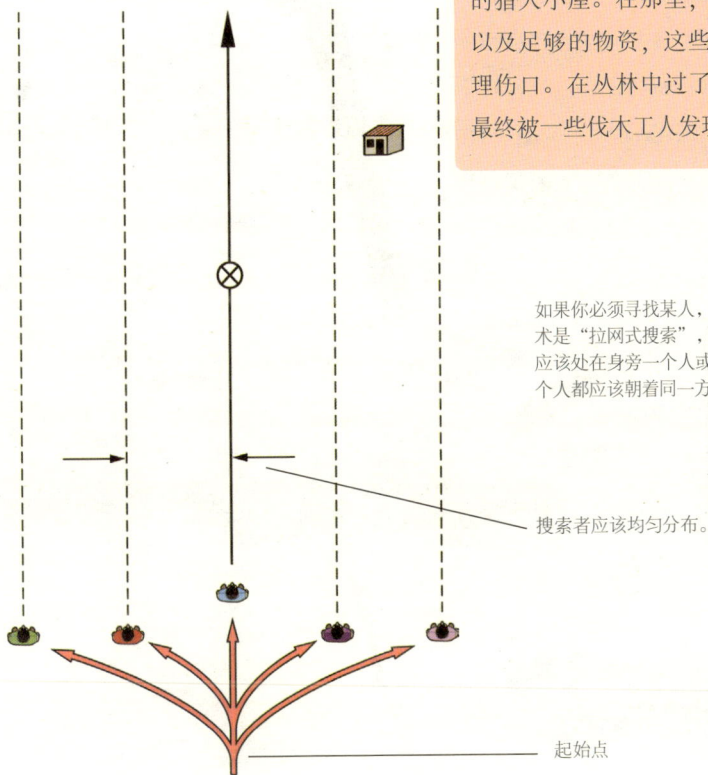

如果你必须寻找某人,另一个不错的搜索技术是"拉网式搜索",如图所示。每个人都应该处在身旁一个人或两个人的视野中,每个人都应该朝着同一方向前进搜索。

搜索者应该均匀分布。

起始点

在野外追踪同伴

如果你的一名同伴突然在野外走失了，你该怎么办？你应该使用你掌握的追踪技术把他找到。

首先，应该试着通过声音引起他的注意——这是指用喊叫或者吹哨子的办法。如果他没有回应，也许你就必须试着追踪下去。要做到这一点，你首先应该像个侦探那样思考，问问自己如下的问题：他会去哪里，他会怎么想，他为什么会走失？这些问题也许会帮助你将搜索范围缩小到特定的区域。接下来，你要像追踪动物那样（参阅"TIP 43"），仔细寻找他行动留下的蛛丝马迹——脚印、丢下的东西、断裂的树枝等，并试着判断出他所去的方向。如果你和其他人在一起，可以组成一支搜索

破裂的蜘蛛网表明了移动的方向。

断裂的树枝

压扁的罐子

被踢出地面的石块

树干上的痕迹

被扰乱的树叶

泥浆中的脚印

队，沿着宽阔的路线散开，进行搜索。大家沿着同一方向前进，保持在彼此能看见的范围内，这样可以确保大家不再走失。当你开始变换方向时，你要以搜索队两端的人作为"转向枢纽"，这样

就不必在已经搜索过的地面上再搜一遍了。另一种搜索方式就是"正方形搜索"法，即从失踪者最后所在的位置开始，在附近的地面上仔细搜寻，对一切可疑的迹象都要留意。

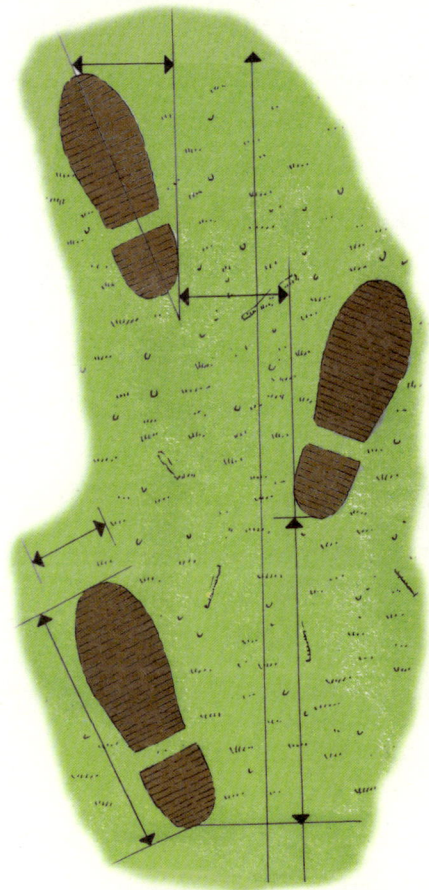

记住，人类走路时，通常都是脚尖向外。这就表示，如果你跟踪脚印，不能只沿着一个脚印的方向，而应该沿着两个或更多脚印之间的方向追踪。

绝境求生真实档案

求生经验在野外生存中是有帮助的，但更重要的是要有坚强的意志。2003 年 6 月，在犹他州山区里举办的一次野营活动中，一名 11 岁的孩子布伦南·霍金斯走失了。尽管人们进行了疯狂的搜索，但却没有发现这个孩子的丝毫踪迹。他失踪了四天，每个人都很担心，他这么小，恐怕已经遭遇了不测。然而，布伦南还活着。他采取了一些正确的措施，例如蹲下身子，把长袖运动衫拉到膝盖下，并把头也埋入其中，尽可能地使自己保暖；他也做了一些糟糕的决定，例如他走入了荒野，这意味着搜救队不得不扩大搜索范围。但是到最后，布伦南还是被找到了，尽管他被晒伤、脱水，而且饥肠辘辘，但他还活着。

预测天气

在荒郊野外，抬头留意一下天空。如果危险的天气将要来临，天空会为你提供一些重要的线索。

在野外，最重要的天气预测就是关于下雨和下雪的——如果你不做好准备，就会被淋湿或冻僵。预测下雨，你应看看云。即将下雨的迹象包括：早晨灰蒙蒙的天空随着时间流逝也明亮不起来，天空布满黑色而且底部平坦的积雨云；而巨大且高耸的砧状云通常意味着一场暴风雨即将到来。如果风速加快，所有的这些云都意味着很可能会下雨，如果温度降至零摄氏度以下，这就表明快要下雪了。对于坏天气，大自然还有其他的一些提示。当空气潮湿，大雨将至时，你也许会注意到以下几点：卷曲的头发更加卷曲了；松果收拢得更紧了；食草动物转移到低处或者躺下；蜜蜂飞回了蜂巢。不要孤立地看待这些迹象，而应该把它们与天气结合起来——你要观察这一切，并做好最坏的打算。

卷云

积卷云

卷层云

高积云

积雨云

层积云

雨云

观察植物，是预测天气的一个好办法。植物如果开花，这表明天气会是阳光灿烂的；如果没有开花，这表明雨要来了。

阳光灿烂 　　　　　　　　　　　　　　下雨

三叶草

牵牛花

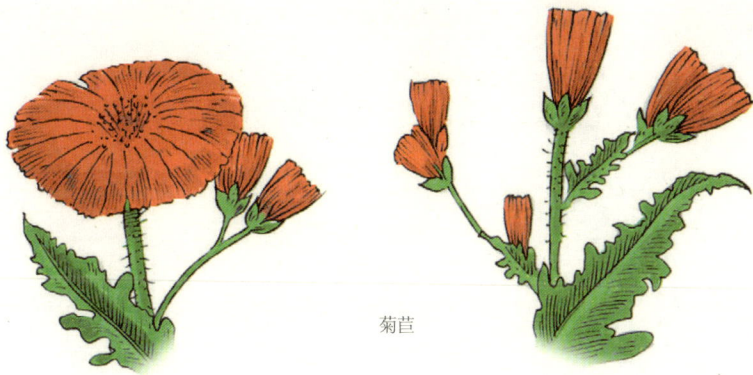

菊苣

第十一章

健康与急救

制作一副夹板

你的朋友摔断了腿，而你们正身处荒郊野外。你将如何阻止他的伤势进一步恶化呢？

绑夹板的目的是保护受伤的手臂或腿，以免在伤者去医院前伤势进一步恶化。夹板通常用于四肢的骨折或脱臼。制作夹板，你需要一到两根（最好是两根）笔直且坚硬的"固定物"和一些填充材料，再用一些条状材料或者绳索将夹板扎紧。固定物可以是任何材料，只要能让伤处不发生弯曲即可，可以是滑雪杖、木头、树枝，甚至可以是卷起来的杂志或报纸。首先，让你的朋友尽量把伤肢置于最舒服的位置（如果是腿受伤，就让他躺下）。将两根固定物放在伤肢的两侧，并在固定物和伤肢之间放一些填充物。接下来，用布带或绳子捆扎整个夹板，做这一步时要小心，不要造成伤处偏移或脱位。此外，还有一点极为重要：布带不能捆扎得太紧，否则会妨碍血液流入伤肢。你可以通过挤压对方的手指甲或脚指甲，然后松手的方式来进行检查。如果松手后，没有看见红色的血液流回指甲处，那么就要把固定夹板的绳子稍稍放松一些。

这个夹板是用两根短木棒组成的，用于包扎受伤的手臂。

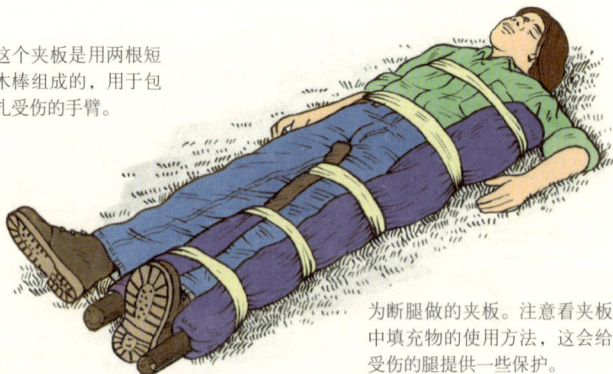

为断腿做的夹板。注意看夹板中填充物的使用方法，这会给受伤的腿提供一些保护。

制作一副担架

如果有人受伤太重以至于无法行走，而你又不能为他提供治疗，你可能需要制作一副临时担架。

你只需要两根长木棍和连接它们的材料，就可以制作一副临时担架。首先，挑选两根长一些、直一些的树枝（应该略长于伤者的身高），这两根树枝不要太柔韧了，必要时也可以选择使用滑雪杖和帐篷杆来代替树枝。如果选择使用树枝，就用刀把上面的突起削平。然后，找一块宽点的布料（如毯子或帐篷的防潮布），再将两根树枝放在布料的两边，并向中间卷动布料，直到中间留下的空间刚好可以容纳伤者为止。当然，你也可以先让伤者躺在这块布料上后，再开始卷动树枝——这样做起来更容易一些。现在，四个人可以分别握住木棍的四头，把担架抬起来了。需要注意的是：如果你没有大的布料，也可以用空背包或者夹克来代替——把衣袖塞入衣服内，然后把木棍塞入衣袖（见下图）。

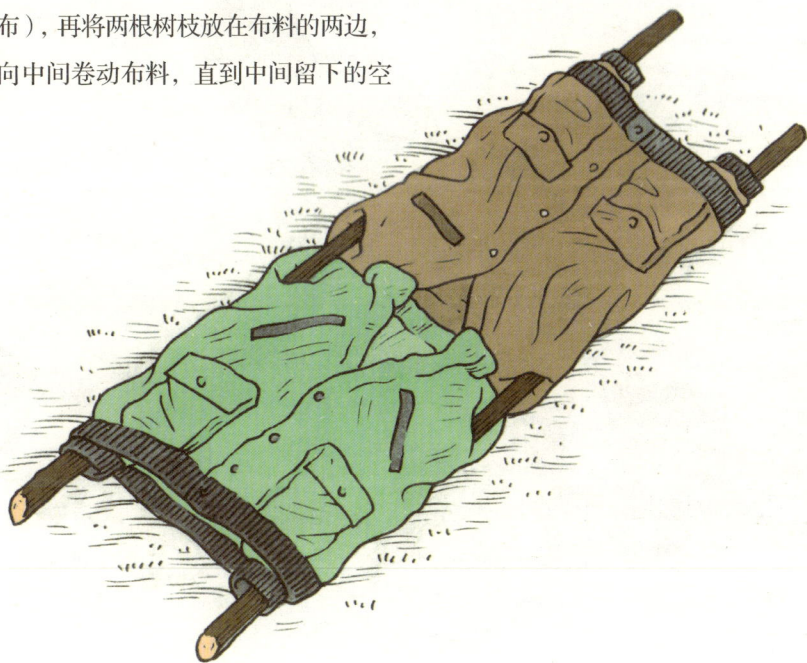

人在绝境之中挣扎求生时，身体可能会爆发出惊人的应急能力。2006 年 10 月 7 日，一个名叫打越三敬的人在日本神户附近的六甲山远足。一开始，他和其他几个人走在一起，但后来他离开了他们，并独自下山返回。不幸的是，他从一处悬崖上摔了下来，跌伤了背部。无法动弹的打越三敬，担心自己会被冻死在山上。然而，奇怪的事情发生了。他进入了后来被医生描述为"休眠"的状态。他的体温、心跳以及呼吸下降到很低的程度，他进入了昏睡状态。在没有任何食物和水的情况下，他以这样的方式生存了 24 天。最后，他被人发现，尽管他的病情非常严重，但最终还是恢复了健康。

多余的绷带可以将伤者绑在担架上。这样，在你们行进时，他就不会跌下担架。

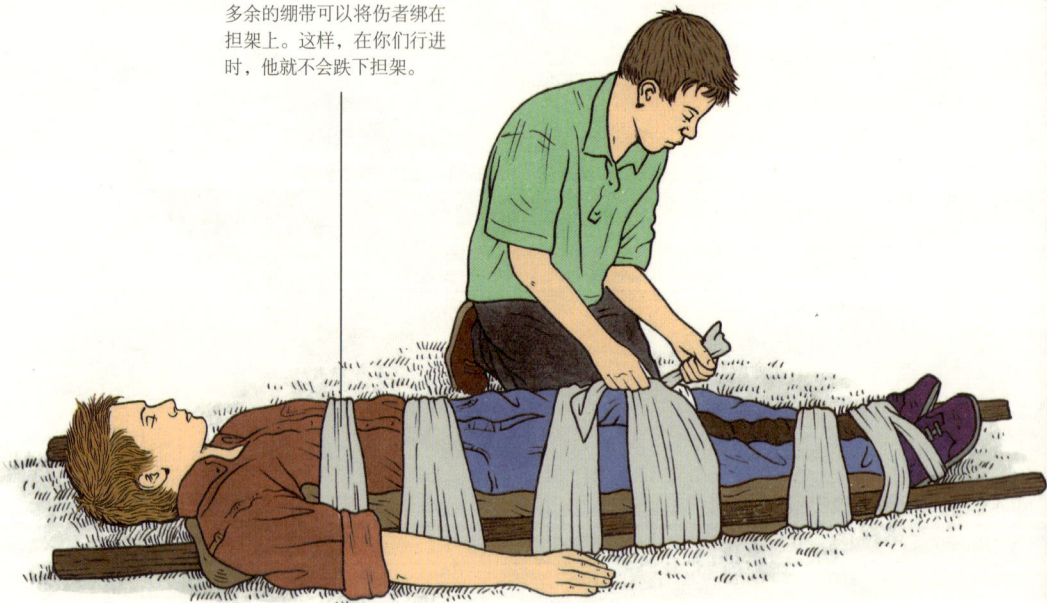

制作拐杖

拖着一条伤腿在荒野上蹒跚而行，是一件非常痛苦的事情。但是，你可以使用自制的拐杖来让求生之路变得稍微轻松一些。

你在制作临时拐杖时，需要特别细心。你可以用有两根分叉的树枝来制作一副拐杖。这根树枝必须结实，而且其长度应该比从伤者的腋窝到地面的距离稍长。削去树枝上多余的小树枝(A)，然后在分叉的两侧各钻一个孔——用来安装手把。再把分叉顶端按下图所示的方法进行切削，以便安装"腋窝撑"(B)。如下图所示，在削好腋窝撑和

手把之后，把它们安装到插槽中——要尽量安装得紧一些(C)。在安装腋窝撑和手把之前，在孔中涂抹一些树脂，以便使它们更加牢固，更加耐用。拐杖很快就要完成了，但是你还要在腋窝撑上缠绕大量的布(D)，这样可以使你在拄拐杖时更加舒适，并避免腋下的皮肤被过度擦伤。这种简易的拐杖不能承受太大重量，但它能帮助一个脚踝扭伤的人继续行进。

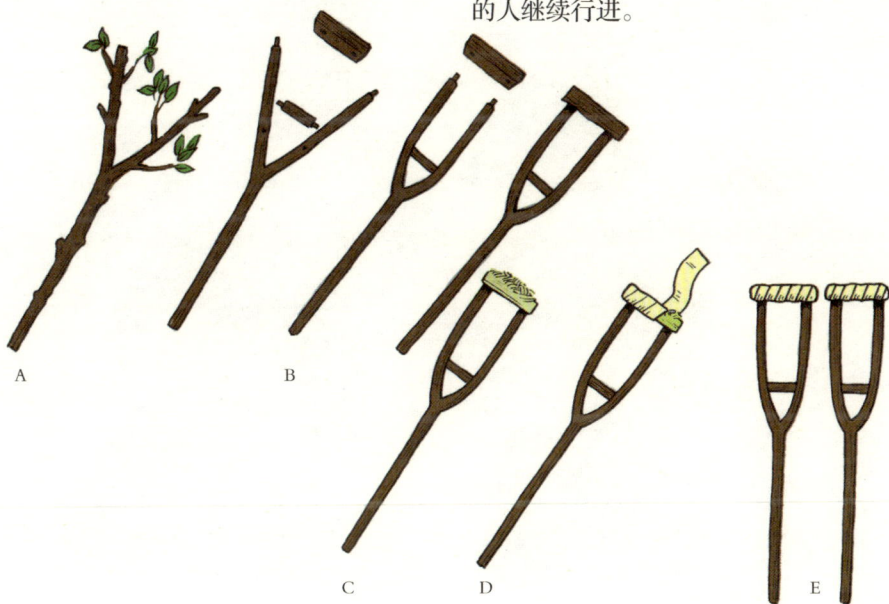

A

B

C D E

包扎伤口

也许你的伤口已经不再流血了，但是在野外，如果你不细心处理伤口的话，就有被感染的危险。

对任何皮肉伤而言（A），最重要的是止血（参见"TIP 94"）。等伤口流血得到控制后，你就要把伤口包扎起来。首先，尽量把伤口处清理干净（之前先把手洗净）。然后，用镊子把伤口里的污物剔除，再清洗伤口。但是如果伤口再次流血，要立即停止这一步骤。现在，找一些干净的纱布和绷带（B）。把纱布盖在伤口上，用绷带扎紧（C）。如果你没有专用的绷带，可以使用任何带状的材料，但要确保它们的干净（在沸水中煮几分钟就能消毒）。用绷带把纱布扎牢后，再用胶带或别针把绷带的尾端固定住，或者直接打个结。不管用什么绷带，都不要扎得太紧，否则会影响血液循环。如果你发现伤口处仍在渗血，可以用手压住渗血处（D），直到渗血停止。然后再把另一块纱布放在绷带上方，并将其扎紧（E 和 F）。

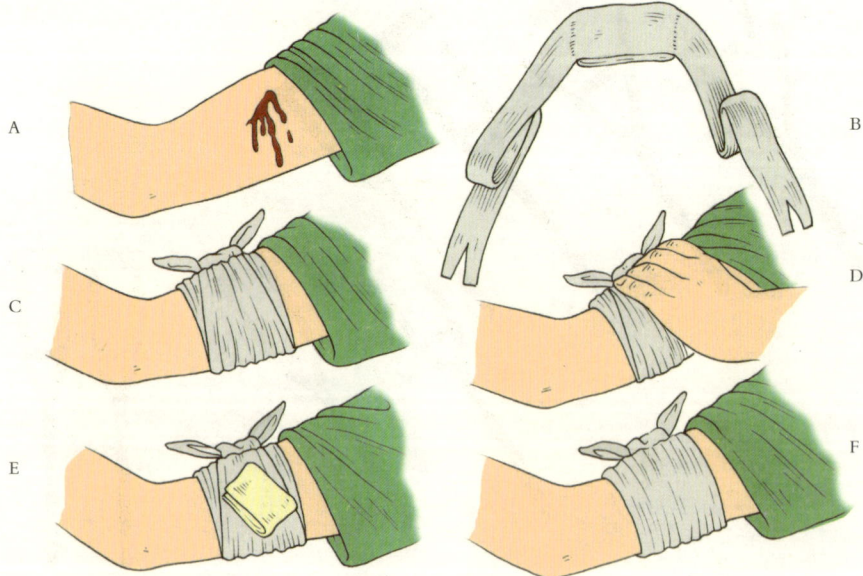

我们不建议非专业医学人士学习伤口的缝合。但当你身处几乎没有获救机会的情况下时，也许并没有太多选择。

缝合伤口，主要针对的是干净的直切伤口。永远不要试图缝合参差不齐、污秽不堪的伤口，而超过 12 小时以上的旧伤口也不要去缝合。要缝合伤口，你需要针和线——把它们放入水中沸煮 10—20 分钟进行消毒。先用肥皂（如果你有的话）把你的手洗干净，并确保把指甲内的污物清洗掉。现在，你可以进行初步的缝合了。按照右图所示，把针插入伤口的正中央，并穿过伤口的两侧，然后将线尾打结，使裂开的皮肤合拢。根据伤口大小，在伤口的两侧重复这一步骤，直到把伤口整齐地缝合起来。一般来说，5—10 天后就可以拆线了——将线剪断，并小心地抽出来。但是，如果伤口出现感染的迹象——开裂、发臭或者渗血，你就必须提前拆线，将伤口清理后再次缝合。

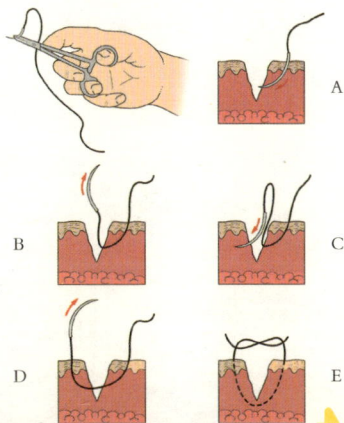

绝境求生真实档案

比尔·杰拉奇，一名 38 岁的医生，他不得不做出一个艰难的决定。1993 年 10 月，他到科罗拉多州一个偏远地区钓鱼。忽然，一块巨石坠下砸断并压住了他的腿。杰拉奇只穿着单薄的衣服，而一场暴风雪却即将在当晚来临，他所处的境况非常危险。他知道，他必须设法脱身，否则就会被冻死在这里。他的解决办法令人难以置信。只靠着一把小折刀，他就把自己的腿从膝盖处切断，从巨石下脱身了。他爬到了自己的汽车上，用一条腿将汽车开到了附近的镇子。随后，他被一架直升机送到了医院里。为自己截肢——很少有人能有勇气这样做，但杰拉奇做到了。

处理水泡

我们都曾起过水泡。但是在求生的过程中，如果你不及时处理水泡，它们就会减缓你的脚步，妨碍你迅速到达安全地带。

水泡通常出现在脚上和手掌上，一般都是由于靴子或绳子等摩擦皮肤所致。如果出现了水泡，一般可以对它置之不理。用指甲挑破它很容易导致发炎感染，所以千万不要这样做。如果水泡很大也很疼，而你又不能休息治疗，那么你就需要用针挑破它。首先，用肥皂和水清洗水泡及其周围的皮肤。然后，把针放在水中沸煮10分钟进行消毒（或者把针放在火上烧）。把针慢慢地从水泡边缘刺入（A）。抽出针，让水泡里的液体流出，用一块干净的垫子轻轻地挤压水泡（B）。等水泡内变空了之后，用一块绷带将其覆盖（C）。

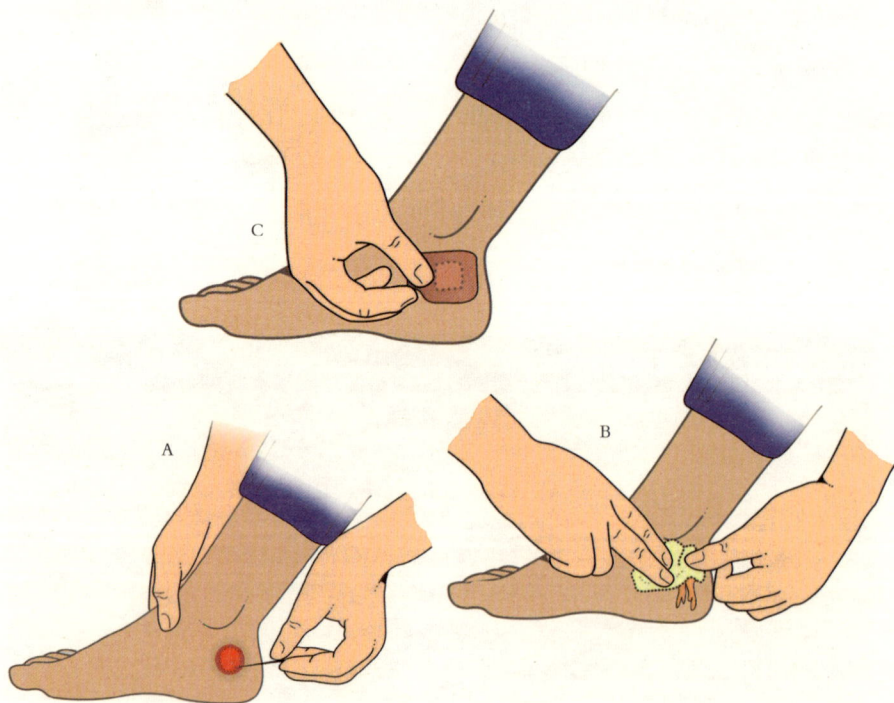

处理割伤

当鲜血从伤口处汩汩流出时，深呼吸，别慌……

面对任何割伤，你首先要做的事情就是止血。找一块干净的纱布盖在伤口上，并用一定力量将其压住（如果有较大的物体插在伤口内，不要试图把它拔出，而应该在它旁边按压止血）。如果血渗透了纱布，只要再用一块纱布盖在上面继续按压住即可。只要割伤不是太严重，随着血液凝结，15分钟内便会止血。如果割伤发生在手臂或腿上，你可以让伤者躺下，并将其手臂或腿抬到高过心脏的位置，以帮助止血。因为从心脏泵出的血液到达高处较为困难，所以这样做有助于血液凝结。等血止住后，你就应该用绷带或布带将纱布扎紧。使用绷带时，不要扎得太紧，以免影响血液循环。处理完伤口，你就应该把伤者送至医院或医生处。

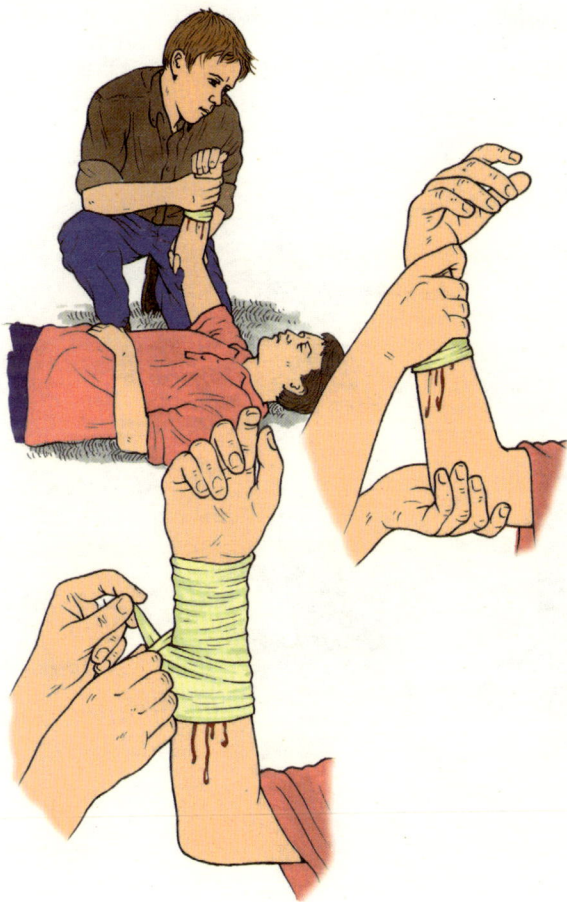

流血的伤口看起来真的很可怕，但是通过简单的抬高（将受伤部位抬高）和施压（用一块干净的纱布压在伤口上），大多数伤口的血可以在15分钟内止住。

治疗晒伤

你不论有多强壮，都永远不要低估太阳的威力。将皮肤暴露在阳光下，只要几个小时，就可能导致可怕的灼伤。

晒伤，不仅增加了中暑的风险，而且科学家们发现，这也是造成皮肤癌的因素之一。避免晒伤的两个主要方法是：①用衣服遮盖皮肤，这就意味着你要穿上长裤和长袖衬衫，戴上宽边帽；②使用防晒霜，而且防晒霜的防晒指数至少为30。但是如果你已经被晒伤，那么你应该尽量给晒伤处降温。将一块冷敷布——浸泡在冷水中的纱布，盖在晒伤处，等纱布被捂热后进行更换，像这样反复多次。如果你受的晒伤非常严重，皮肤已经起泡，不要挑破水泡。任何晒伤，靠你自身的体液完全可以治愈，所以你一定要大量喝水以保持体内的水分。当晒伤痊愈时，伤处要覆盖住并避免阳光照射，但是你最好一开始就注意防晒，这才是最佳选择。

待在阴凉处并穿好衣服，这才是避免晒伤的好办法。

如果有人被严重晒伤，他看起来很难受，身体又热又不舒服，这种状况可能会危及其生命。把伤者带到阴凉处，将其包在一块床单下，用凉水把床单浸透，使伤者降温。然后，立即去找医生。

治疗叮咬伤

你已经深入了丛林或夏季的森林，无论你做什么，蚊虫们都会把你当作一个目标或一顿美餐。

对于蚊虫的咬伤，一般的治疗办法就是对它置之不理，让它自行恢复。伤处不能抓挠，但是可涂一些抗组胺药膏。抗组胺药膏是一种可以消肿的药膏，可以从药店里买到。带上一管抗组胺药膏到野外探险，是个不错的主意。蜜蜂、胡蜂以及大黄蜂的蜇伤则比较棘手，因为它们的刺通常会留在皮肤内，并在那里继续排出毒素，这就是针刺能继续造成伤害和疼痛的主要原因。要去除这种刺，你可以用镊子夹住毒囊下方的毒刺尾部，然后将它取出。如果你挤压毒囊，皮肤里的毒刺会使你更痛。毒刺被拔出后，你可以用一块被凉水浸透的纱布覆盖在发痛的皮肤上。冷的东西有助于消肿。如果你光着腿走过草地，你也许会发现壁虱已经钻入你的皮肤，它们用强有力的下颌咬住你的皮肤。将镊子尽可能地靠近自己的皮肤，并夹住壁虱的头部把它拉出来。不要只夹住壁虱的身体，因为它很容易断开，而它的颌骨留在你的皮肤内有可能造成感染。

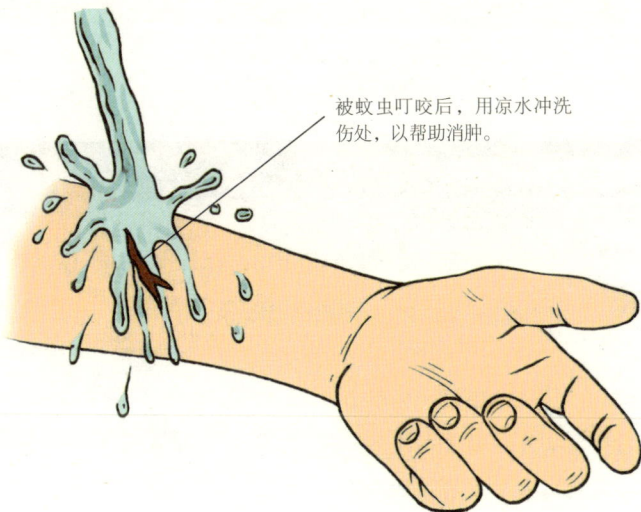

被蚊虫叮咬后，用凉水冲洗伤处，以帮助消肿。

观察被咬的伤痕，可以知道咬你的蛇是有毒还是无毒的。无毒的蛇，往往有一排整齐的小牙齿并且大小相同。而毒蛇的嘴前方有两颗大毒牙，你可以在伤口前部看见这两颗毒牙留下的痕迹。

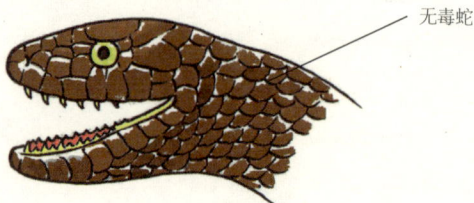

无毒蛇

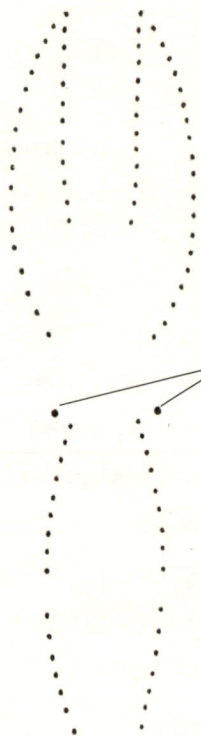

毒牙痕记

毒蛇

绝境求生真实档案

世界上最具攻击性的昆虫之一是"杀人蜂"。2007 年 6 月，亚利桑那州威肯堡附近，一位 61 岁的老人带着他的孙子外出捕鹌鹑。他们突然遭到了一群杀人蜂凶猛的攻击，看起来它们似乎要杀了他们。他们朝着数百米外的卡车冲去，尽管他们冲进了卡车内，但还是有 200 只杀人蜂钻了进来。他们在车内与杀人蜂搏斗了半个多小时，最终开车逃脱，赶到了附近的一所医院。老人总共被蜇了 70 多下，孩子也总共被蜇了 50 多下，但幸运的是，他们在这场攻击中幸存了下来。

利用光源发出信号

如果救援队看不见你，他们就无法施以援手。以下就是让你自己在数千米外被发现的办法。

在求生过程中，运用信号意味着让自己引起外界的注意，这样救援队便可以找到你。这里有三种光源可用来发出信号——人造光源（例如手电筒）、火和日光。第一种信号是最容易的。如果你有一个手电筒，而此刻又是夜间，闪烁你的手电筒，发出SOS信号三次（参见"TIP 99"）。

然而，这一举动不要过于频繁，以免把电池过早地消耗光。相反，你应该每隔15分钟或半个小时进行一次，而且应该站在高处试着把光线射向陆地或天空的不同地方。此外，白天和夜晚都可以用火来发信号。白天，往火里添加大量的绿色树枝、湿草或者橡胶（汽车轮胎就很棒），可使火堆冒

用一面小镜子捕捉阳光，然后将其反射给路过的船只、飞机和人。镜子反射的光直接指向你的目标。

起滚滚浓烟；夜间，往火里添加干燥的木头，可使火焰更加明亮。火堆应该生在高处，这样可以增加被外界发现的机会。最后，在白天，你还可使用一面镜子、一块闪亮的金属、一张CD或一张DVD，对着路过的飞机、船只或救援者反射阳光。在明亮的阳光下，这种信号的可视距离非常远。如果可能的话，你还能试着通过闪烁的光线发出SOS信号。

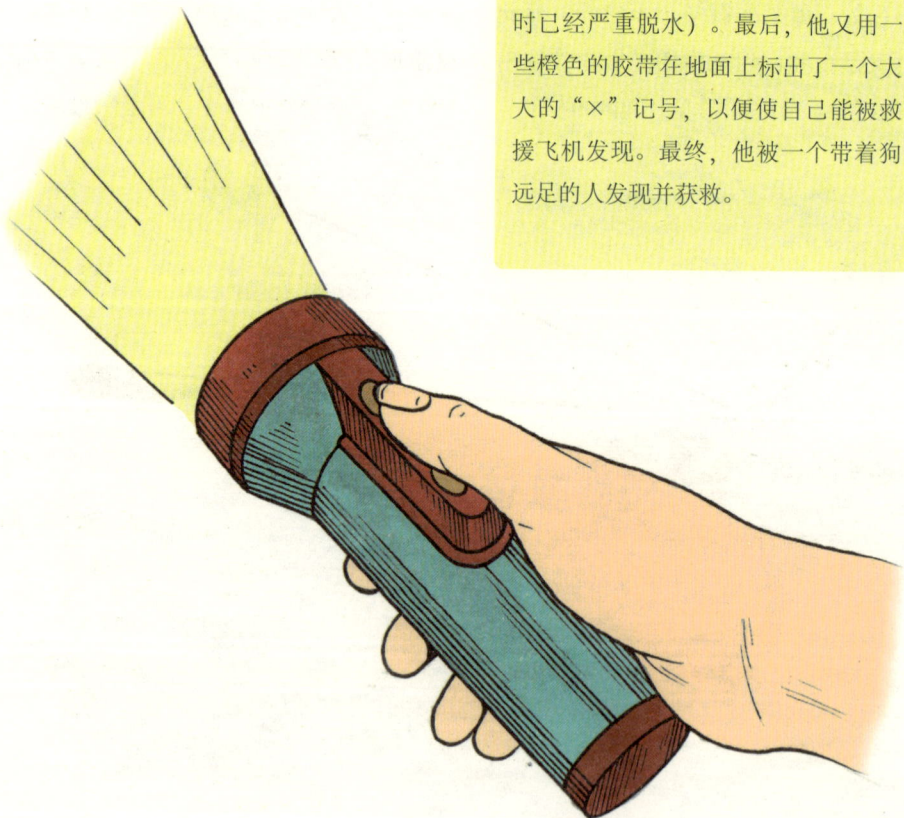

用声音发出信号

一支救援队就在附近，但是你却身处漆黑的森林深处，一时间无法被发现。现在，是使用声音的时候了。

在许多荒野地区，声音能传播得很远，特别是在沙漠和山区，以及在干燥、安静的环境中（风和雨会削弱或带走声音）。如果你身处难以被发现的地方，如森林，用声音发送信号是一个不错的办法，但是在发出声音信号前，你应该试着找到一块高地，因为茂密的树叶也会妨碍声音的传播。叫声是最基本的声音信号，如果几个人在同一时刻，向同一方向叫喊，这样会更有效。哨子声传播得更远。你可用哨子发出一种国际通用的求救信号，即先是六声长音，再是六声短音。每一组信号之间，保持一分钟的沉默。使用手持式雾笛的方法也一样，尽管你不大可能随身带着这个。

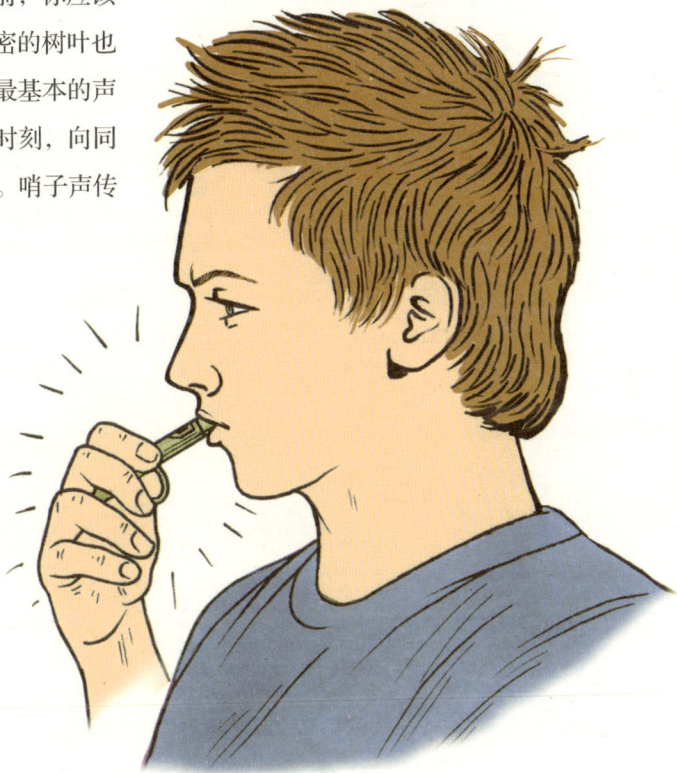

使用莫尔斯电码

迄今为止，莫尔斯电码虽然已被使用了一百多年，但它依然可以帮助你在今天的荒野中求生。掌握了莫尔斯电码，你就可以成为自己的生存通讯专家了。

莫尔斯电码最早可以追溯到1837年，它在当时只是一种普通的通讯方式，但是从那以后，它对于求生的人来说变得非常重要。这套系统是用点和划的不同组合来代表字母表中的不同字母以及0—9的数字。这些点和划可以通过声音、光或者电子设备传送给其他人，点——代表短音，划——代表长音。你可以通过哨子、手电筒、反光镜或者无线电发报机来发送莫尔斯电码，该电码最大的好处是，你可以告诉其他人到底发生了什么问题。你可以记住以下所有的莫尔斯电码符号，或者把它写在纸上，外出时带上。如果你只想记得一组，那就记住国际通用的SOS求救信号：三短，三长，再三短。发送莫尔斯电码时，记得在每个字母和数字之间留一个短暂的间隔。这样，别人就不会混淆了。

A .—	M ——	Y —.——
B —...	N —.	Z ——..
C —.—.	O ———	1 .————
D —..	P .——.	2 ..———
E .	Q ——.—	3 ...——
F ..—.	R .—.	4 ....—
G ——.	S ...	5 .....
H	T —	6 —....
I ..	U ..—	7 ——...
J .———	V ...—	8 ———..
K —.—	W .——	9 ————.
L .—..	X —..—	0 —————

TIP 100　发送无线电信号

在生死攸关的情况下，你最好的装备可能就是你的手机或无线对讲机。打一个电话，救援队可能就赶来了……

如果你要为在野外遭遇紧急情况做好充分的准备，那么你可以选择带上一部救生电台，以及一部手机。但是，不要认为手机能在荒郊野外带给你安全感，因为很多手机在偏远地区无法接收到信号。不过，甚高频无线电台可以在任何地方使用——最好是站在高处使用无线电台（这有利于信号传输），因为平地上的物体会阻碍无线电信号的发送。国际通用甚高频安全守听频道是第 16 频道。你要按下送话按钮并清楚地说出："求救！求救！"然后，说出你的姓名和状况，最好能描述一下你身处何方。传递的话语要清晰而简短。接着，松开送话按钮，等待回应。定期重复发送这条呼救信息，但要注意，不要让你的电池过快地消耗完——每隔 15 分钟或者半个小时发送一次信号，每次重复两遍。记住，如果没有身处十分危险的境地，不要呼叫求救中心，因为救援队会因为你的呼救而立即展开行动。

卫星通信系统覆盖了全球。在边远地区，通过手机，你可以利用这套系统寻求帮助。但是，如果你身处国外，请确保你的手机已经开通了国际漫游功能。

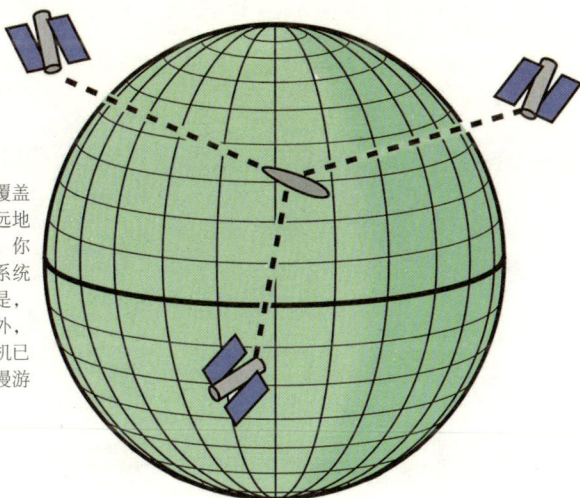

设置地空信号

你想被飞行在数千米高空中的救援飞机发现吗？你可以通过这些简单的地空信号来达到目的。

今天，野外救援行动使用飞机的频率越来越高，因为飞机可以在短时间内覆盖大片的地区。问题是，在上千米的高空中往往难以发现站在地面上的一两个人，而这就是你需要设置地空信号的原因所在。你可以使用任何可用的材料，在地面上铺设巨大的求救信号标志，只要能被空中的救援飞机清晰地看见即可。下图为你展示了国际通用的地空信号标志。你可以用任何东西来做这些标志——衣服（特别是色彩鲜艳的衣服）、睡袋、树枝、泥土、雪或一堆树

叶，但还是要遵循一些规则。把标志做大一些——10米长就非常好。在理想状态下，最好用能与地面形成反差的材料来做标志，例如把绿色的树枝放在光秃秃的褐色地面上，或者把材料高高地堆起来，以投下非常明显的巨大阴影。把标志摆在平坦、开阔的地区，可以更容易被飞行员看见。最后要注意的是，你一旦获救，就要及时把布置的信号标志去除。而如果你要移动到另一个地方，也要把地上的标志改为方向箭头（下图的标志"9"）。

1 需要医生——严重受伤	16 是的（YES）
2 需要医疗用品	17 不明白
3 无法前进	18 需要工程师
4 需要食物和水	
5 需要武器和弹药	
6 需要地图和指南针	
7 需要带电池的信号灯和电台	
8 标示前进方向	
9 我已朝此方向前进	
10 将试图起飞	
11 飞机严重受损	
12 在此降落也许安全	
13 需要食物和油	
14 一切顺利	
15 不（NO）	